인생
질문
40

Questions to Change Your Life

40

인생 질문
40

존 메이슨 지음 | 안찬성 옮김

밥북
B·O·O·K

저자 및 옮긴이 소개

Writer

존 메이슨 (John Mason)은 국제적으로 인정받는 작가

이며 신앙심이 깊은 목사이기도 하다. 그는 『An Enemy Called Average(평범이라 불리는 적)』, 『The Pursuit: Success is Hidden in the Journey(끝없는 추구)』, 『Never Give Up(절대 포기하지 마라)』, 『Know Your Limits, Then Ignore Them(당신의 한계를 알되 그 한계를 무시하라)』 등을 포함하여 25권의 책을 저술하였다. 그의 책들은 세계 여러 나라의 언어로 번역되었으며, 경건한 지혜와 삶의 동기를 일깨워주는 자기계발서로 널리 알려져 있다.

현재 그는 왕성한 저술 활동과 함께 순발력 있는 재치와 통찰력으로 대중을 사로잡는 연설가로 활동하고 있다.

Translator

안찬성은 경북대학교 대학원에서 교육사회 및 행정 전공으로 교육학 박사학위를 취득하였으며, 다년간 경북대학교에서 교육사회학을 강의하였다. 현재 인천학익초등학교 교사로 재직 중이며 한국교육사회학회 임원으로 활동하고 있다. 주요 관심 분야는 교육과 마음행복, 교사의 도덕적 역할, 학습을 위한 사회·정서적 역량 등이다.

논문으로는 「지루(Giroux)의 학교교육 위기론과 그 교육적 대안」(박사학위 논문), 「지루의 학교교육 기업화에 대한 비판적 논의와 그 한계」, 「지루의 가능성 교육과 그 한계」 등이 있다. 그리고 번역서로는 『비판적 교육학자로서 헨리 지루 읽기』, 『학교폭력의 연속체』, 『훌륭한 선생님은 스트레스를 날린다』, 『행복한 선생님의 습관』, 『학교에서의 침묵의 긍정성』, 『'완벽한 교사'라는 미신 깨뜨리기』, 『학생들의 성공적 삶과 사회정서 학습』, 『성장형 사고방식 코칭 워크북』 등이 있다.

옮긴이의 글

- 삶의 중요한 해답은 삶에 관한 올바른 물음에서 찾을 수 있다 -

사람은 누구나 태어나면서부터 죽을 때까지 행복을 꿈꾸면서 만족스러운 삶의 길을 걸어가길 바랄 것이다. 하지만 유감스럽게도 이러한 삶의 길에는 뜻하지 않은 고민이나 갈등을 유발하는 장애물이 놓여 있기 마련이다.

누구라도 살아가면서 한 번쯤 맞닥뜨리게 되는 삶의 장애물은 자신과 타인일 수도 있고 주어진 조건이나 시공간적 상황일 수도 있다.

이 책의 저자는 삶의 성장을 가로막는 장애물을 아래와 같이 40가지로 선정해서 이에 대응하는 해결의 실마리를 40가지의 물음에서 찾고자 하였다. 특히 저자는 40가지의 물음이 함축하고 있는 상징적 의미를 간결하면서도 설득력 있게 드러내기 위하여 수많은 유명인의 명언을 인용하였다.

- 자신이 처한 상황에 안주하거나 맥없이 주저앉고 싶은 욕구

- 부정적인 것에 동의하는 친구

- 자신의 삶이 아니라 타인이 바라는 타인의 삶에 대한 동경

- 삶의 익숙한 틀과 현상 유지를 고수하려는 마음

- 자신에 대한 나쁜 평판

- 자신의 실패에 대한 변명

- 자신에 대한 타인의 비판을 두려워함

- 자신의 선택과 결정을 주저하게 하는 우유부단함

- 아무런 대가도 치르지 않고 좋은 것만을 얻으려는 무임승차

- 자기중심적인 이기심과 교만함

- 자기 자신의 가능성에 대한 의심

- 타인이 자신보다 훨씬 더 행복하다는 터무니없는 믿음

- 자신에 대한 불신과 부정적 생각

- 자신의 실수나 실패로 인한 좌절감과 자기 연민

- 삶의 길을 잃고 갈팡질팡하거나 아무런 성과 없이 서두르기만 하는 상황

- 걱정과 두려움을 경험하기도 전에 걱정과 두려움에 사로잡히는 경우

- 타인에 대한 증오

- 무언가를 독차지하려는 탐욕

- 불평불만으로 가득 찬 얼굴

- 타인의 생각에 휘둘리거나 의존함

- 삶에 대한 열정이 없는 태도

- 삶의 위기에 정면으로 도전하기보다는 뒤로 회피하려는 욕구

- 정직하지 못한 삶의 태도

- 자신에게 다가올 기회를 기다리기만 하는 소극적인 태도

- 무언가를 쉽고 빠르게 이루려는 조바심

- 하고 싶은 일이나 해야 할 일 앞에서 느끼는 두려움

- 모든 조건이 갖추어질 때까지 행동을 마냥 미루려는 소심함

- 자신이 세운 목표의 중요성에 대한 의구심

- 오늘의 가치를 알아차리지 못함

- 타인을 위한 친절과 배려가 부족함

- 원대한 일만을 꿈꾼 채 작은 일에 최선을 다하지 못함

- 자신이 이미 소유하고 있는 것과 잘하는 것을 시의적절하게 활용하지 못함

- 삶의 위험과 도전을 회피하려는 욕구

- 매사에 감사할 줄 모름

- 과거의 삶에 사로잡힌 채 느끼는 좌절감이나 무기력감

- 자기 자신을 사랑하는 마음이 부족함

- 모든 것을 포기하고 싶은 욕구

- 배움과 질문을 회피하려는 태도

- 지나온 과거에 대한 후회

- 자신의 부족한 2%에 대한 한탄

부디 삶에 관한 40가지의 물음이 바람직한 삶의 변화와 성장을 꾀하고자 하는 독자들에게 영감과 반향을 일으키길 바라며, 이 책의 번역에 대한 실수는 전적으로 역자의 책임이라 하겠다.

2023년 11월

안찬성

옮긴이의 글   6

도입 – 왜 물어야 하는가?   14

제 1 장

1. 최고의 순간은 언제였는가?   18

2. 나와 함께 가장 많은 시간을 보내는 다섯 사람은 누구인가?
    이들은 나의 성장에 도움이 되는가, 아니면 방해가 되는가?   22

3. 만약 내가 나 자신이 아니라면, 나는 누구로 살 것인가?   26

4. 오늘이 어제와 다르게 느껴지는가?   30

5. 어린 시절의 나는 지금의 나를 자랑스러워할까?   34

6. 나의 성공을 바라지 않는 사람들에게 나는 태연한 태도를 보이는가?   38

7. 왜? 어째서 안 돼? 내가 안 될 이유가 뭐야? 지금 못 할 이유가 뭐야?   44

8. 만약 내가 뭐든지 할 수 있다면, 지금 당장 무슨 일을 하고 싶은가?   50

9. 내가 자주 하는 궁색한 변명은 무엇인가?
    왜 나는 아직도 그런 변명을 하는가?   54

10. 나에게 보답할 기회가 없는 사람을 위해
     내가 할 수 있는 일은 무엇인가?   58

제 2 장

11. 당신의 성장과 발전을 가로막는 것은 혹시 나 자신이 아닌가?　　64

12. 오늘 나는 무슨 거짓말을 믿고 있는가?　　70

13. 이게 나의 최선인가?　　76

14. 실패하는 것과 시도하지 않는 것 중에 어느 것이 더 나쁜가?　　80

15. 나는 실제로 무엇을 목표로 하고 있는가?　　86

16. 나는 아직도 두려움의 목소리에 귀를 기울이는가?　　92

17. 오늘 나는 누구를 용서할 것인가?　　98

18. 남에게 베푸는 것이 곧 자기 자신에게 베푸는 것임을 알고 있는가?　　102

19. 나는 여전히 유쾌한가?　　106

20. 나는 자신만의 고유한 삶을 가꾸고 있는가?　　110

제 3 장

21. 무엇이 나의 열정을 불러일으키는가? 116

22. 내 삶에 위기가 닥친다면, 그 위기를 어떻게 극복할 것인가? 120

23. 나는 얼마나 정직한가? 124

24. 꼭 해야 할 일 한 가지는 무엇인가? 128

25. 세운 목표를 달성하기 위해 끊임없이 노력하고 있는가? 132

26. 나는 무엇을 그렇게 두려워하는가? 136

27. 어제 미룬 일을 오늘도 미룰 것인가? 140

28. 내가 세운 목표는 성취할 만한 가치가 있는가? 144

29. 만약 내일이 없다면, 나는 오늘 무엇을 할 것인가? 148

30. 나는 오늘 누구를 사랑했는가? 152

제 4 장

31. 목표를 이루기 위해 내가 지금 해야 할 작은 일은 무엇인가?   158

32. 내가 이미 가지고 있는 것은 무엇인가?
    내가 이미 잘하고 있는 것은 무엇인가?   162

33. 내 삶에서 가장 후회스러운 일은 무엇인가?   166

34. 매사에 감사한 마음을 가졌더라면, 내 삶은 더 행복하지 않았을까?   170

35. 나는 미래 지향적인 삶을 살고 있는가?   174

36. 나는 긍정적인 말을 얼마나 자주 하는가?
    내가 불평할 때 그 소리는 어떻게 들릴까?   178

37. 나는 시작한 일을 포기한 적이 있는가?   182

38. 누군가 "삶의 질을 개선하기 위해 꾸준히 노력하는가?" 묻는다면,
    나의 대답은 무엇인가?   186

39. "와, 내가 그 일을 해냈다는 게 믿을 수가 없어"라고 말한 때를 기억하는가?   190

40. 내가 놀라울 정도로 잘하는 게 무엇인가?   194

마무리   198

왜 물어야 하는가?

근래 자주 쓰이는 말로 '카르페 디엠'(carpe diem)이 있다. '오늘을 즐겨라'라는 뜻의 이 말은 심오한 의미를 지니고 있으며, 내가 가장 좋아하는 말이기도 하다. 나는 '인생 질문 40'(40 Questions to Change Your Life)이라는 이 책을 통해 독자 여러분이 카르페 디엠의 심오한 의미를 깨닫기를 진심으로 바란다.

나는 삶의 문제가 소소하든 거창하든 상관없이 이에 대한 해답은 올바르고 적절한 물음을 통해 발견될 수 있다고 믿는다. '왜 오늘을 즐겨야 할까?', '오늘을 즐기기 위해 무엇을 하고 무엇을 선택해야 할까?', '오늘을 즐긴다는 것의 의미는 뭘까?' 등과 같은 물음을 제기함으로써 '최고의 순간은 오늘이다'라는 하나의 해답을 찾을 수 있기 때문이다.

이 책에서 나는 40가지의 중요한 물음을 제시하였으며, 이러한 물음은 누구나의 삶을 위한 해답이나 교훈을 암시하고 있다. 개인적으로 나는 "너희가 얻지 못함은 구하지 않기 때문이며(야고보서 4장 2절), 너희가 구하면 얻을 것이다(요한복음 16장 24절)"라는 성경 말씀에서 삶에 대한 영감을 얻고 있다.

상대방이 어떤 사람인지를 알기 위해서는 특정한 문제 상황에서 그 사람이 어떤 대답을 하고 어떤 물음을 제기하는지를 유심히 살펴보면 된다는 말이 있다. 지금까지 살아오면서 자신의 삶에 얼마나 많은 물음을 던져왔는가? 스스로 생각해 보면 이러한 물음이 은연중에 자기 삶에 영향을 끼쳐 왔음을 알 수 있을 것이다.

살아가면서 원하는 것을 얻거나 바라는 목표에 도달하고 싶다면 자신의 삶과 관련된 올바른 물음을 제기해야 한다. 그 이유는 삶에서 만족감과 성취감이 높은 사람들 대부분이 자신의 삶에 관해 올바르고 적절한 물음을 제기함으로써 더 나은 결과를 얻고 있기 때문이다.

지금 자신의 삶에 관한 어떠한 물음도 필요 없을 정도로 만족하는가? 그렇지 않다면 자신의 삶에 대해 끊임없이 물음을 던져야 한다. 이러한 물음이 구체적으로 무엇인지를 찾는 것은 스스로의 몫이다.

모든 사람에게는 매일 똑같이 24시간이 주어지며, 그 시간은 모두에게 똑같이 소중하다. 자기 삶이 만족스럽고 성공적일 수 있는지는 바로 이 하루를 어떻게 보내느냐에 달려 있다. 감히 말하건대 이 책이 제시하는 40가지의 물음을 진지하게 음미하고 그 의미를 깨닫는다면 누구라도 자신의 삶을 더 만족스럽고 더 성공적으로 이끌 지혜를 발견하리라 믿는다.

40 Questions

인생을 바꾸는

40가지 질문

제 1 장

최고의 순간은 언제였는가?

"모든 일은 그 일이 불가능하다고 입증될 때까지는 엄연히 가능한 일이다.
불가능해 보이는 일일수록 가능성의 여지는 더 크다."

- 펄 벅(Pearl Buck) -

나는 대학을 졸업하고 경영학 석사과정에 입학하였다. 당시에 나는 특정한 직업을 얻겠다는 생각보다는 경영학 공부에 전념하겠다는 생각으로 가득 차 있었다. 그런데 어느 날 구인 광고 전화를 받고 나서 내 마음이 흔들리게 되었다. 한마디로 나를 사로잡을 만한 일자리였다.

그 일자리는 오클라호마주에서 가장 큰 은행의 이사장을 보좌하는 일이었는데 나에겐 엄청난 기회였다. 나는 일곱 차례의 어려운 면접 과정을 거쳐서 그 일자리를 차지하였다. 내 인생의 최고의 순간이었다. 나는 일을 하면서 주변 사람들의 다양한 관점을 이해하고 받아들이려고 하였다.

나의 주요 업무는 은행의 이사회와 관련된 일 처리하기, 이사장의 연설문 작성하기, 상급 임원들에게 부하 직원과 의사소통하는 방법 가르치기, 이사회 참석하기, 임원들이 이용하는 식당 관리하기, 은행 주관 테니스 대회 운영하기 등이었다. 나는 이런 업무를 수행하면서 '세상은 내가 생각하는 것보다 훨씬 더 큰 가능성으로 열려 있다'라는 사실을 깨달았다.

＊

큰 포부로 채워진 인생을 상상해 보라. 그리고 "지도 밖으로 전진하라"라는 조엘 버드(Joel Budd, 미국의 언론인)의 말을 음미해 보라. 사람들 대부분은 자기가 성취할 수 있다고 생각하는 것보다 더 많은 것을 성취할 수 있지만, 실제로는 자기가 성취할 수 있다고 생각하는 것보다 더 적은 것을 성취한다. 사실 누구라도 어떤 일을 시도해 보지 않고선 그 일이 불가능하다고 장담할 수는 없다.

"절제는 치명적일 수 있으나 과도함은 성공적일 수 있다." 오스카 와일드(Oscar Wilde, 아일랜드의 작가)의 말이다. "사람이 자기가 할 일에 제한을 두는 것은 자기가 할 수 있는 일에 제한을 두는 것이나 다름없다." 이는 찰스 슈왑(Charles Schwab, 미국의 기업가)의 말이다. 이 두사람의 말에 귀를 기울여 보라. 이들의 말에 동의하는가? 나는 '사람은 무한한 잠재력을 지니고 있다'라는 관점에서 이들의 말에 전적으로 동의한다.

당신의 미래에 대한 해답은 당신이 처한 현재 상황을 넘어설 때 주어지기 마련이다. 당신이 정말로 수영을 잘하길 바란다면 얕은 물에서 망설이지 말고 과감하게 깊은 물로 뛰어들어야 한다. 즉 당신이 삶에서 성공적이길 바란다면 주어진 어려운 상황을 깨뜨리려고 고군분투해야 한다.

누구나 손쉽게 성취할 수 있는 삶의 목표만을 선택하고 추구하는 사람은 자신의 한계를 스스로 정하고 이 한계를 벗어나지 못하는 사람이다. 이런 유형의 사람이라면 자기 삶의 태도를 스스로 경계할 필요가 있다. 경계하는 마음으로 "역사를 만들고 세계를 뒤흔드는 사람이 돼라"라는 아트 세풀베다(Art Sepulveda, 미국의 목사)의 말과 "당신은 기꺼이 한계를 넘어서려고 할 때만 승자가 될 수 있다"라는 로널드 맥네어(Ronald McNair, 미국의 우주비행사)의 말을 새겨본다면 와 닿는 깨달음이 있을 것이다.

한 번도 가본 적이 없는 곳으로 가보라. 그리고 스스로 상상도 하지 못했던 놀라운 일을 보고 이를 행해 보라. 역사에 이름을 남긴 사람들 대부분이 평범하지도 현실적이지도 못한 길을 가며 처음에는 손가락질받지 않았는가?

홈즈(J. A. Holmes, 미국의 임상학 박사)는 "젊은이에게 이루어질 수 없는 일이 있다고 절대 말하지 말라. 신은 그 일을 이룰 수 있는 누군가를 수백 년 동안 기다려 왔을지도 모른다"라고 말하였다. 만약 당신이 자기의 꿈을 하찮게 여긴다면, 다른 사람들 역시 당신의 꿈을 하찮게 여길 것이다.

높은 나무에 오르면 땅에서보다 훨씬 더 멀리 볼 수 있다. "안된다고 절대 말하지 말라. 안 된다는 말은 허상일 뿐이며, 사실 인생은 무궁무진한 가능성으로 가득 차 있다"라는 글로리아 스완슨(Gloria Swanson, 미국의 여배우)의 말에 귀를 기울여 보라.

어떤 일이 불가능하다고 생각하면 할수록 그 일은 실제로 불가능해진다. 부정적이고 협소한 생각 때문에 얼마나 많은 이상적인 일이 물거품이 되고 있는가? 나는 미라보(Comte de Mirabeau, 프랑스의 정치가)가 했던 말을 아주 좋아한다. 그는 동료 정치인으로부터 불가능하다는 말을 들을 때마다 다음과 같이 대답하였다. "불가능하다는 말은 정말로 어리석은 말이야. 어떤 상황에서도 그 말을 하지도 듣지도 않겠어."

어느 시대를 막론하고 다른 사람이 불가능하다고 생각하는 것을 가능하게 하는 사람이 있기 마련이다. 나는 이런 사람이 있어서 참 다행이라 생각한다. 이런 사람들 덕분에 인류는 진보해 왔다.

지금 당신은 어떤가? 다른 사람이 상상도 할 수 없는 생각을 해보면 어떨까? "모든 일은 그 일이 불가능하다고 입증될 때까지는 엄연히 가능한 일이다. 불가능해 보이는 일일수록 가능성의 여지는 더 크다"라는 펄 벅(Pearl Buck, 미국의 작가)의 말은 이런 생각에 용기를 불어넣어 준다. "원대한 꿈을 꾸어라. 당신이 꿈을 지니면 그 꿈은 이루어질 것이다. 미래에 대한 당신의 포부는 꿈이 현실이 될 것이라는 믿음이다." 존 러스킨(John Ruskin, 영국의 예술비평가)의 이 말 역시도 불가능에 대한 도전을 응원하고 있다.

다른 사람의 부정적인 생각에 휘둘리지 않기 위해서는 당신의 무한한 잠재력을 계발해야 한다. 당신이 처한 상황에 주저앉지 말고, 삶이라는 밭에서 좀 더 예쁜 꽃을 피우고 좀 더 탐스러운 열매를 맺어라.

"누구라도 정상에 오를 여지를 지니고 있다."

다니엘 웹스터(Daniel Webster, 미국의 정치인)의 이 말처럼, 누구나 다른 사람이 상상도 할 수 없을 만큼 높이 치솟을 수 있는 날개를 지니고 있다. 지금 자신에게 필요한 것은 오직 높이 치솟아 오르겠다는 마음가짐뿐이다.

자신의 한계를 알고, 그 한계를 넘어서라!

나와 함께 가장 많은 시간을 보내는 다섯 사람은 누구인가? 이들은 나의 성장에 도움이 되는가, 아니면 방해가 되는가?

"당신이 존경하는 사람을 나에게 보여주면 나는 당신이 어떤 사람인지를 알 수 있다.
그 이유는 당신이 추구하는 이상적 인간상과 당신이 어떤 사람이 되고 싶은지가
그 사람을 통해 보이기 때문이다."

- 토마스 칼라일(Thomas Carlyle) -

나는 작가협회의 임원이자 좋은 친구인 팀 레드몬드(Tim Redmond)로부터 전화 한 통을 받았다. 팀은 나와 만나서 내 의견을 듣고 싶어 했다.

"나에게 시간을 좀 내주면 좋겠어. 나는 네가 알고 있는 것과 생각하는 것을 듣고 싶어. 네가 말해준다면 나에게 큰 도움이 될 거야. 물론 점심은 내가 살게."

나는 흔쾌히 만나기로 하였다. 그는 나에게 여러 가지 좋은 질문을 하였고, 나는 성심을 다해 대답하였다. 팀은 내가 알고 있는 친구 중에서 가장 총명한 친구였으며, 그날 그가 나에게 해준 말은 뜻밖이었지만 절대 잊지 못할 것이다. 아마도 앞으로의 내 삶에 큰 영향을 끼칠 것이다.

"너와 똑같은 경험을 지닌 사람은 아무도 없어. 작가로서 너는 세 곳의 출판사 대표였고, 너의 책은 2백만 부 이상 판매되었어. 너의 책을 읽고 자기 꿈을 키워

간 수많은 사람을 떠올려 보렴. 확실히 너는 책을 통해 삶에 대한 새로운 관점을 널리 퍼뜨렸어."

팀과 많은 이야기를 나누고 나서 집으로 돌아오는 내내 그가 한 말이 마음속에서 맴돌았다. 사실 나는 팀을 만나기 전까진 나의 경험과 통찰력이 다른 사람에게 얼마나 큰 도움이 될지 진지하게 생각해 본 적이 없었다. 고심 끝에 나는 작가들이 좀 더 창의적으로 글을 쓰고 책을 출판하도록 도움을 주기로 마음먹었다. 작가들을 돕는 일을 하면서부터 내 몸은 고되고 바빴지만 내 마음은 만족과 보람으로 가득 차게 되었다. 팀이 그날 나에게 삶의 영감을 불러일으키는 말을 하지 않았다면 나는 작가들을 돕겠다는 생각을 도저히 떠올리지 못했을 것이다.

*

사람은 누구이든 자기 삶에서 누구와 어울리고 어떤 이야기를 주고받는지는 아주 중요하다. "당신의 친구가 어떤 사람인지 알면 당신이 어떤 사람인지도 알 수 있다"라는 말처럼 의도했든 의도하지 않았든 간에 자신과 친밀하게 어울리는 사람을 닮아 가기 마련이기 때문이다.

사람들 대부분의 슬픔은 잘못된 사람들과의 관계에서 비롯된다. 당신이 부정적이고 자기 패배적인 사람과 어울리지 않으면 그럴수록 당신의 삶은 더 좋아질 것이다. 만약 당신이 늑대와 어울린다면 당신은 울부짖는 방법을 배우게 될 것이다. 하지만 당신이 독수리와 어울린다면 높은 곳으로 날아오르는 방법을 배우게 될 것이다. "퇴보하는 사람들이 일으키는 소용돌이에 휘말리지 말라"라는 파이퍼(E. K. Piper, 미국의 생물학자)의 말을 음미해 보라.

흰 종이에 붉은색의 물감이 떨어지면 그 종이가 붉게 물드는 것처럼, 당신이 부정적인 성향을 지닌 사람과 어울리면 당신 역시 부정적인 성향으로 물들게 된다. 당신은 늘 마음속으로 이렇게 속삭여야 한다. '절망과 실패만을 이야기하는 사람들과는 어울리지 않을 거야. 그 대신에 희망을 품고 성공을 위해 노력하는 사람들과 관계를 맺고 우정을 쌓을 거야." 만약 당신이 게으름뱅이와 어울리더라도 마음의 불편함을 느끼지 못한다면, 이는 당신이 어느 정도 게으름뱅이가 되어 가고 있다는 신호이다.

긍정적이고 성공적인 사람들의 중요한 특징은 부정적인 생각과 부정적인 행동으로 물든 사람들을 자신의 삶에 끌어들이지 않는다는 것이다. "만약 당신이 삶에서 두 걸음 앞으로 나아가고 한 걸음 뒤로 물러서는 자신을 발견한다면, 이는 분명히 당신이 좋은 사람들과도 관계를 맺지만 그렇지 않은 사람들과도 관계를 맺기 때문이다"라는 불가리아의 속담에 귀를 기울여 보라.

참다운 친구란 나를 진심으로 배려하고 아껴주는 사람이며, 기꺼이 나와 한마음이 되길 자처하는 사람이기도 하다. "친구는 당신이 당신 자신에게 주는 최고의 선물과도 같다"라는 로버트 루이스 스티븐슨(Robert Louis Stevenson, 영국의 작가)의 말처럼, 참다운 친구는 당신이 초라한 상황에 있을 때조차도 친구로 남아 있으며, 다른 사람들이 당신을 비난하고 외면할 때조차도 당신을 믿고 기다려준다.

"너희 친구와 너희 아버지의 친구를 저버리지 말고, 너희에게 환난이 닥쳤을 때 멀리 떨어져 있는 형제의 집을 찾지 말라. 멀리 있는 형제보다 가까운 이웃이 더 낫다(잠언 27장 10절)." 이 성경 말씀에서도 알 수 있듯이, 당신은 당신의 친구를 소중히 여겨야 한다. 그리고 당신은 친구나 동료를 처음 사귈 때 돌다리를 두드리는 것처럼 신중해야 한다. "개와 함께 눕는 사람은 벼룩과 함께 일어날 것이다"라는 옛말에서도 이를 알 수 있다.

참다운 친구는 당신의 가능성과 참모습을 볼 줄 안다. "참다운 친구만큼 귀하고 가치 있는 것은 없다. 참다운 친구를 만들 기회를 절대 놓치지 말라"라는 프란체스코 귀차르디니(Francesco Guicciardini, 이탈리아의 사상가)의 말과 "나의 최고의 친구란 나를 위해 행운을 빌어주는 사람이다"라는 아리스토텔레스(Aristotle, 고대 그리스의 철학자)의 말을 항상 염두에 두라.

매사에 부정적으로 사고하는 친구를 멀리하고, 늘 긍정과 희망을 얘기하는 친구를 가까이하라. "철이 철을 단단하고 날카롭게 하는 것처럼 친구는 그의 친구의 얼굴을 빛나게 한다(잠언 27장 17절)"라는 성경 말씀과 "당신이 존경하는 사람을 나에게 보여주면 나는 당신이 어떤 사람인지를 알 수 있다. 그 이유는 당신이 추구하는 이상적 인간상과 당신이 어떤 사람이 되고 싶은지가 그 사람을 통해 보이기 때문이다"라는 토마스 칼라일(Thomas Carlyle, 영국의 사상가)의 말 역시도 가까이해야 할 친구가 누구인가를 알게 한다.

당신의 삶에 영향을 끼치는 수많은 것들을 열거해 보라. 이 중에서 무엇이 가장 중요하다고 생각하는가? 단순히 우선순위를 정할 순 없겠지만 당신은 주변 사람들과의 관계, 특히 친구 관계가 중요하다는 것에 전적으로 동의할 것이다. 언제나 당신의 축복을 빌어주는 친구가 있길 바라며, 또한 언제나 친구의 축복을 빌어주는 당신이 되길 바란다.

참다운 친구는 최고의 선물이다.

만약 내가 나 자신이 아니라면,
나는 누구로 살 것인가?

"타인의 삶을 살면서 사랑받는 것보다는 자신의 삶을 살면서 미움받는 것이 훨씬 더 낫다."

- 앙드레 지드(André Gide) -

어디에 가든지 확인할 수 있는 한 가지 분명한 사실은 사람들은 아주 다양하다는 점이다. 개인적으로 나는 공항에서 다양한 사람들의 모습을 지켜보길 좋아한다. 그곳에는 늘 얼굴, 체형, 국적, 문화 등등, 모든 면에서 서로 다른 사람들이 북적댄다. 나는 '이렇게도 다양한 사람들이 무엇을 하려고 하며 어디로 갈까'라는 생각에 사로잡힐 때도 있다. 만약 사람들의 다양한 모습이 한순간에 똑같은 모습으로 바뀐다면 어떨까?

나는 키 172cm, 대머리에 가까운 머리, 영구치 없는 5개의 젖니, 틈이 벌어진 앞니 등과 같은 신체적 특징을 지니고 있다. 한때 나는 이런 신체적 특징을 바꾸고 싶은 생각을 한 적도 있었다. 하지만 나는 '신은 모든 사람을 특별한 방식으로 창조하였다'라고 확신하며 내 생각이 부질없다는 것을 금세 깨달았다.

나는 멕시코의 몬테레이에서 재미있지만 황당한 경험을 한 적이 있다. 여기에서 나는 나의 강연을 홍보하는 포스터 하나를 보았는데, 그 포스터에는 나의 멋진 얼굴 사진이 실려 있었다. 나는 환하게 미소 짓고 있는 내 모습을 흐뭇하게 바라보다가 그만 실소를 터뜨렸다. 틈이 벌어진 내 앞니가 이미지 처리되어 촘촘하고 매끈한 앞니로 바뀌어 있었기 때문이다. 이때 나는 벌어진 내 앞니가 감춰져서 안도감을 느꼈다기보다는 얼굴이 빨개질 정도로 당혹스러움을 느꼈다.

*

괴테(Goethe, 독일의 철학자)는 "만약 신이 지금과는 다른 모습의 나를 원했다면, 신은 지금과는 다른 모습의 나를 창조했을 것이다"라고 말했다. 줄리어스 헤어(Julius Hare, 영국의 예술가) 역시도 "당신 자신으로 존재하라. 이것이 바로 당신의 발전을 위한 첫걸음이다"라고 말했다. 이들의 말처럼, 당신의 존재 자체를 감사히 여기고 당신 자신이 되겠다고 결심하라. 비슷한 말은 속담과 성경에도 있다. "나무는 물속에서 10년을 살 수 있으나 결코 악어가 되지는 않는다"라는 콩고 속담과 "구스인이 자신의 검은 피부를 바꿀 수 있겠는가? 표범이 자신의 반점을 바꿀 수 있겠는가? (예레미야서 13장 23절)"라는 성경 말씀 또한 자기 존재의 중요성을 알려주고 있다.

피카소(Picasso, 스페인의 화가)는 "나의 어머니는 '만약 네가 군인이 된다면, 너는 장군이 될 것이다. 만약 네가 사제가 된다면, 너는 교황이 될 것이다'라고 말하곤 했는데, 나는 화가가 되었고, 결국 유명한 피카소가 되었다"라고 말했다. 만약 피카소가 다른 화가들의 작품 성향을 모방했다면 어땠을까? 사실 역사적으로 유명한 사람들 대부분은 자신만의 고유성을 유지한 채 자신만의 독창성을 발휘하였다. 피카소처럼 당신만의 삶의 색채를 만들어 보라. 닳고 닳은 진부한 삶의 길을 과감히 넘어서 보라.

"역설적이겠지만 내가 있는 그대로 나 자신을 받아들일 때, 나는 변할 수 있다."라는 칼 로저스(Carl Rogers, 미국의 심리학자)의 말과 "자신의 의견이 없고 타인의 의견과 취향에만 의존하는 사람은 노예와 같다. 타인이 기대하는 삶만을 추구하는 사람은 자기 자신을 잃어버린 사람이나 다름없다"라는 프리드리히 클롭슈토크(Friedrich Klopstock, 독일의 시인)의 말은 무엇을 시사하는가? 이들의 말처럼 진정한 자신의 삶을 찾기보다는 타인의 삶을 추구하는 사람은 자신만의 독특한 삶의 참맛을 느끼지 못할 것이다. 무난한 타인이 되려고 하지 말고, 약간의 위험을 무릅쓴 자기 자신이 되려고 노력해 보라.

자신을 타인의 기대치에 끼워 맞추려는 사람들은 언젠가 자신만의 고유성을 잃어버리고 말 것이다. 만약 자신만의 삶의 계획을 지니고 있지 않다면, 당신은 결국 타인의 삶의 일부가 될 뿐이다. 한 개의 모자를 동시에 두 사람의 머리에 씌울 수 없는 것처럼, 당신 자신이 되려고 할 때 가장 자연스러운 삶의 길이 열리게 된다.

"타인의 삶을 살면서 사랑받는 것보다는 자신의 삶을 살면서 미움받는 것이 훨씬 더 낫다." 앙드레 지드(André Gide, 프랑스의 작가)의 말이다. "내가 아는 사람 중에서 삶의 만족을 느끼지 못하는 사람 대부분은 타인이 바라는 대로 살려고 안간힘을 쓰고 있다." 이는 데이비드 그레이슨(David Grayson, 미국의 풋볼 선수)의 말이다. 이들의 말에서도 알 수 있듯이, 기꺼이 자기 자신이 되려고 하지 않는 사람에게는 확신과 만족으로 가득 찬 삶이 오지 않을 것이다. "자기 자신을 온전히 받아들이지 못하는 사람은 자신이 소유한 모든 것에 만족하지 못할 것이다"라는 도리스 모르트만 (Doris Mortman, 미국의 작가)의 말 또한 같은 맥락이다.

"존재하는 모든 좋은 것은 독창성의 결실이다"라는 존 밀스(John Mills, 영국의 작가)의 말과 "각 개인은 타인이라는 무리보다 더 매력적이고 소중하다. 그리고 신이 인간을 창조했으나 자신의 형상대로 똑같이 인간을 창조하진 않았다"라는 앙드레 지드의 말은 무엇을 시사하는가? 당신을 포함한 모든 사람에겐 오직 하나의 삶, 즉 자기 자신의 삶이 있을 뿐이다. 삶이라는 드넓은 땅에서 남의 발자국을 따라 걷는 사람은 절대 자신의 발자국을 남길 수 없다. 삶에서 맞닥뜨리는 자기 연민이나 패배감은 자신의 강점과 가치를 무시하는 데서 비롯된다.

사람들 대부분은 자기가 바라는 자신의 삶을 살아가기보다는 타인이 바라는 타인의 삶을 살아간다. 감히 말하건대 당신이 삶의 자유와 만족을 누리고 싶다면 어서 빨리 타인의 삶에서 벗어나 자신의 삶을 찾아야 한다.

"세상에서 자기 자신이 되는 것만큼 가치 있는 일도 없고, 타인이 바라는 삶을 사는 것만큼 힘겨운 일도 없다. 자신의 고유한 삶의 자리를 남에게 절대 내주지 말라."

레오 버스카글리아(Leo Buscaglia, 미국의 교육학자)의 말에 귀를 기울이고, 스스로의 삶을 살아가자.

모방은 곧 한계다.

오늘이 어제와 다르게 느껴지는가?

> "오직 어리석은 자와 죽은 자만이 자신의 마음을 바꾸지 않는다.
> 어리석은 자는 앞으로도 자신의 마음을 바꾸지 않을 것이고,
> 죽은 자는 영원히 자신의 마음을 바꿀 수 없다."
>
> - 존 패터슨(John Patterson) -

당신은 어떤 식으로든 오늘을 어제와는 다르게 느껴야 한다. 그렇지 않으면 당신은 오늘에 안주하게 될 것이다.

지금 내 머릿속에 '변화'라는 말이 떠오른다. 나는 이 말이 당신에게 불안과 두려움을 주는 것이 아니라 동기와 영감을 주길 바란다. "살아있는 생명체는 그 내부에서 끊임없이 변화의 다양성을 보인다. 하지만 이런 변화가 종식되었을 때 그 생명체는 죽게 된다"라는 허버트 스펜서(Herbert Spencer, 영국의 사회학자)의 말처럼, 변화는 삶의 증거이다. 변화를 겪지 않고 성장하는 사람은 아무도 없다. 자신의 마음을 바꿀 수 없는 사람은 아무것도 바꿀 수 없다. 확실히 삶은 변화의 연속이며, 변화는 삶의 일부이다.

1992년에 들어서 나는 삶의 전환점을 맞이하게 되었다. 당시에 나는 플로리다주에 있는 몇몇 교회로부터 2주간의 예배 행사에서 강연해 줄 것을 요청받았으며, 유명한 출판사로부터 월례 행사에서 강연해 줄 것을 요청받기도 하였다.

물론 나는 기꺼이 그 요청을 수락하였다.

어느 날, 나는 내가 강연을 했던 그 출판사로부터 아주 유쾌한 전화 한 통을 받게 되었다. 출판사 소유주는 자기 회사를 운영할 사람을 찾고 있었다. 그는 출판사의 쇄신을 위해 새로운 지도력과 변화를 원했다.

그의 간곡한 초청으로 나는 그와 그의 아내가 마련한 저녁 식사 자리에 참석하였다. 우리는 식사를 하면서 가벼운 마음으로 이런저런 이야기를 나누었다. 식사를 마칠 무렵에 그는 나에게 출판사를 운영해 달라고 요청하였다. 사실 나는 출판사 운영에 대해 생각해 본 적도 없고 별 관심도 없었다. 나는 그의 요청을 그 자리에서 단호히 거절하는 것이 예의에 어긋난다는 생각이 들어서 그 결정을 뒤로 미루기로 하였다.

나는 플로리다주에 있는 몇몇 교회에서 2주간의 강연을 다 마칠 무렵에 또다시 출판사 소유주로부터 연락을 받았다. 그는 재차 나에게 출판사를 운영해 달라고 요청하였다. 그의 두 번째 요청을 받고 나서 내 마음이 흔들리기 시작하였다. 내 마음속에 '그의 요청은 곧 신의 요청일 수도 있어. 내가 그의 회사를 위기에서 건지는 것이 신의 바람일지도 몰라. 신이 주신 기회를 놓칠 수는 없어'라는 생각이 자리 잡게 되었다. 마침내 나는 그의 요청을 수락하였고, 한 달 후에 출판사를 운영하는 새로운 삶이 시작되었다.

*

모든 사람은 자신이 진보하길 바란다. 하지만 진보는 변화 없인 불가능하다. 당신은 자신을 변화시켜야 하며, 변화를 당신의 동반자로 여겨야 한다. 만약 당신이 자신의 잘못된 의견을 고집하고 이를 바꾸려고 하지 않는다면, 자신의 잘못된 의견이나 실수를 개선할 기회가 오지 않을 것이며, 이는 당연히 당신의 진보를 가로막을 것이다. 당신이 만족스럽고 성공적인 삶을 누리고 싶다면, 기꺼이 변화를 추구해야 한다.

어제의 성공 비결이 때론 내일의 실패 요인이 될 수도 있다. IBM 설립자인 토마스 왓슨(Thomas Watson)은 말했다. "5대의 컴퓨터로도 얼마든지 세계 시장을 선도할 수 있다." 만약 토마스 왓슨이 진취적 기상으로 변화를 시도하지 않았다면, 오늘날 IBM이 존재할 수 있었을까?

오직 어리석은 자와 죽은 자만이 자신의 마음을 바꾸지 않는다. 어리석은 자는 앞으로도 자신의 마음을 바꾸지 않을 것이고, 죽은 자는 영원히 자신의 마음을 바꿀 수 없다." 존 패터슨(John Patterson, 캐나다의 과학자)의 이 말이 의미하는 것처럼, 현재의 당신에 안주하면서 변화를 외면한다면 미래의 진보한 당신은 존재하지 않을 것이다. 만약 당신이 변화의 필요성을 느끼지 못한다면, 지난 1년 동안 당신 주변의 것들이 얼마나 많이 변했는지 살펴보라.

"어떤 시각에 시계가 멈추는 것처럼 어떤 나이에 영원히 머무는 사람이 있다." 생트뵈브(Sainte-Beuve, 프랑스의 작가)의 말이다. 무엇을 의미하는지 알겠는가? 당신이 자신을 변화시킬 때, 당신에게 주어지는 기회도 바뀔 것이다. 당신을 현재의 위치로 이끈 원동력이 반드시 당신을 미래의 위치로 이끌 원동력이 되는 것은 아니다.

변화를 두려워하지 말라. 변화는 진보의 비결이다. 오늘의 세계에서 어제의 방법을 사용하는 사람은 내일의 진보 가능성에서 멀어지게 마련이다. 예를 들자면 미래의 새로움을 추구하기보다는 과거의 일에 익숙한 전통주의자들이 이런 경우이다. 오델 셰퍼드(Odell Shepard, 미국의 작가)는 이에 관해 다음과 같이 지적한다. "기존의 익숙함과 편안함에 안주하면서 변화보다는 현상 유지를 고수하려는 사람들이 있다. 이들은 과거로 되돌아가고자 하는 성향이 강해서 미래의 진보적 비전을 간과하는 경우가 허다하다."

가장 불행한 사람은 변화를 가장 두려워하는 사람이다. 현상 유지를 고수하려는 마음과 삶의 익숙한 틀에서 벗어날 때, 삶의 새로운 기회가 찾아온다. 만약 당신이 자신의 잘못과 실수를 옹호하기만 한다면, 당신은 새롭고 변화된 당신이 되길 포기하는 것이나 다름없다. 모든 진보는 현 상태에 머물지 않고 끊임없이 변화를 추구한 사람들에 의해 이루어졌다. 이들은 결코 변화를 두려워하지 않았다.

변화는 당신의 적이 아니라 친구이다.

어린 시절의 나는 지금의 나를 자랑스러워할까?

"생각은 목적으로 이어지고, 목적은 행동을 유발한다.
행동은 습관을 형성하고, 습관은 평판을 결정하며, 평판은 사람의 운명을 좌지우지한다."

- 트라이언 에드워즈(Tryon Edwards) -

당신은 후세에게 어떤 영향을 끼치고 싶은가? 당신은 후세에게 어떤 사람으로 기억될까? 당신의 장례식에서 당신에 대해 어떤 평판이 오갈까? 분명한 것은 누구라도 자신의 장례식에서 어떤 평판이 오갈지 알 수 없다는 점이다. 하지만 예외의 인물이 있었다. 그 인물은 바로 알프레드 노벨(Alfred Nobel, 다이너마이트의 발명자)이다.

1888년 노벨은 프랑스 신문에서 '죽음의 상인이 사망하다'라는 제목을 지닌 자신의 사망 기사를 보게 되었다. 사실 이 기사는 명백한 오보였다. 신문 기자가 노벨의 형이 사망한 것을 노벨이 사망한 것으로 착각해서 쓴 기사였다.

노벨은 자신에 대해 상당히 부정적으로 기술한 사망 기사를 읽고 나서 큰 충격을 받았지만 일생일대의 깨달음을 얻게 되었다. 그는 자신의 명예를 회복함과 동시에 인류에게 도움을 주고자 다음과 같은 유언장을 작성하였다.

"돈으로 바꿀 수 있는 나의 모든 유산을 투자해 기금으로 조성하고, 거기서 나오는 이자는 인류에 큰 공헌을 한 사람들을 선정해 상금의 형태로 매년 지급하도록 한다."

노벨상의 기원이 된 그의 유언은 오늘날까지도 집행되어 오고 있다.

노벨은 자신의 인간상을 훌륭하게 쇄신하였고, 후세에게 남긴 그의 유산은 인류의 발전을 위해 쓰이고 있다. 그럼 당신은 후세에게 어떤 모습으로 기억될까? 당신의 유산은 무엇을 위해 쓰일까?

*

네 살짜리 한 소년은 가족들의 성탄절 식사 기도를 하기로 하였다. 가족들은 그의 기도를 기다리며 고개를 숙였다. 그는 신에게 감사함을 표하고 나서 자신의 친구들 이름을 일일이 대면서 기도하였다. 그리고 그는 식탁을 둘러싼 가족 모두를 위해 기도하였고, 심지어 식탁에 놓인 모든 음식을 위해서도 기도하였다. 기도를 마치고 나서 그는 엄마를 쳐다보면서 진지하게 질문을 하였다. "만약 내가 브로콜리를 위해 기도했다면, 신은 내가 거짓말을 하고 있다는 것을 알지 못할까요? 내가 신에게 기도하기만 하면 나의 모든 잘못과 거짓은 숨겨질까요?" 잠시 쉬어가면서 이 소년의 질문을 음미해 보라.

"어떤 사람도 자신에 대한 타인의 평판에서 벗어날 수는 없다." 존 몰리(John Morley, 영국의 정치인)가 남긴 이 말에 비추어 보면, 좋은 평판은 가치 있고 성공적인 삶을 위한 토대가 될 수 있다. 당신 자신에게 다음 두 가지를 물어보라.

"만약 모든 사람이 나와 똑같은 평판을 지니고 있다면, 어떤 세상이 될까?"

"만약 내가 책이라면, 나는 독자들로부터 어떤 평판을 받을까?"

트라이언 에드워즈(Tryon Edwards, 미국의 신학자)는 평판의 중요성을 이렇게 언급했다. "생각은 목적으로 이어지고, 목적은 행동을 유발한다. 행동은 습관을 형성하고, 습관은 평판을 결정하며, 평판은 사람의 운명을 좌지우지한다." 성경 말씀에도 "많은 재물보다는 좋은 평판을 선택하라(잠언 22장 1절)"라고 할 만큼 평판을 중요시했다. 평판이 인생을 좌우하고 재물보다 가치가 있다면 누구라도 좋은 평판을 얻으려고 노력해야 한다.

"당신의 양심과 자존감을 해치는 그 어떤 행동도 당신에게 도움이 될 수는 없다"라는 마르쿠스 아우렐리우스(Marcus Aurelius, 로마 제국의 16대 황제이자 스토아학파 철학자)의 말처럼, 당신에게 도움이 되는 것은 당신이 옳은 일을 할 때뿐이다. 옳은 일을 하는 것에 결코 주저하거나 부끄러움을 느끼지 말라.

"악을 선택할 필요는 없다. 다만 선을 선택하지 않으면 빠른 속도로 악에 휩쓸릴 뿐이다. '나는 악한 사람이야'라고 말할 필요는 없다. 대신에 '나는 신의 선택에 의존하진 않을 거야. 이미 정해진 악인도 없고, 필요악도 없어'라고 말해야 한다." 도손(W. J. Dawson, 캐나다의 신학자)의 이 말과 "올바른 마음가짐으로 바르게 사는 사람은 외형적인 힘보다는 내면적인 힘이 더 강하다"라는 필립스 브룩스(Phillips Brooks, 미국의 성직자)의 말이 뜻하는 바를 마음에 새긴다면, 삶의 방향은 확실해지고 평판은 좋아질 것이다.

외부 세계나 주변 사람에 대해 마음의 벽을 단단하게 세운 사람들은 자신의 평판을 알아차리기가 힘들다. 만약 당신이 자신의 평판을 바꾸고 싶다면, 우선 당신은 선하고 열린 마음을 지녀야 한다. 도덕적 책임을 외면한 채 마음을 닫고 사는 사람은 언젠가는 삶의 상실감에 빠지게 될 것이다.

"어떤 사람도 자신의 은행 통장을 보고 자신이 행복한지 불행한지를 판단할 수는 없다. 사람을 행복하게 하는 것은 마음이지 재물이 아니다. 즉 사람의 행복을 결정하는 것은 무엇을 얼마나 소유하고 있는지가 아니라 어떤 마음으로 어떻게 살아가느냐이다." 헨리 워드 비처(Henry Ward Beacher, 미국의 성직자)의 말이다. 우드로 윌슨(Woodrow Wilson, 미국의 28대 대통령) 또한 이렇게 말했다. "만약 당신이 다른 사람들을 위해 무엇을 해야 하는지 생각한다면, 당신의 평판은 저절로 좋아질 것이다."

이 두 사람의 말에서 알 수 있듯이, 당신은 주변 사람들이 당신을 옹호하고 긍정적으로 평가할 수 있도록 살아야 한다. 특히 당신이 선한 일을 남들 모르게 할 때 당신의 평판은 더욱더 좋아질 것이고, 좋은 평판은 당신을 더 행복하게 할 것이다.

당신은 앞으로 어떻게 살길 바라는가? 지금 당신의 평판은 자랑할 만한가? 단언하건대 당신은 버섯처럼 그늘에서 살아가는 삶 대신에 나무처럼 햇빛을 받고 위를 향해 살아가는 삶을 선택해야 한다. 아울러 당신은 반드시 자신의 평판을 점검하고 그 평판을 더 좋게 하려고 노력해야 한다. "올바른 길로 가시오"라는 문구가 적힌 교통 표지판을 떠올려 보라.

선과 악이 교차하는 이중적 삶은 당신을 보잘것없는 곳으로 이끌 것이다.

나의 성공을 바라지 않는 사람들에게 나는 태연한 태도를 보이는가?

"사람과 자동차는 아주 비슷하다. 어떤 자동차는 둔탁한 소리를 내면서 거칠게 움직이
고, 또 어떤 자동차는 아무런 소리 없이 부드럽게 움직인다.
자동차에서 발생하는 둔탁한 소리는 자동차에 문제가 있다는 신호이다. 이와 마찬가지로
사람 입에서 나오는 불쾌한 비판의 소리는 그 사람에게 문제가 있다는 신호이다."

- 헨리 포드 -

내가 존경하는 작가이자 강연자인 론 볼(Ron Ball)은 자신의 〈Ball Points〉
블로그에서 다음과 같은 논평을 공유하였다.

"영화 '오즈의 마법사(The Wizard of Oz)'는 상상력과 독창성이 부족하며, 세련미가 없
고 지루하다."

- 1939년 〈The New Yorker〉지의 논평

"영화 '죠스(Jaws)'는 지루하기 짝이 없다. 만약 상어들이 하품을 할 수 있다면, 상어들은 이 영화를 보면서 하품을 할 것이다."

– 1975년 〈The New Republic〉지의 논평

"동화 '백설 공주(Snow White)'는 모든 면에서 실패작이다. 주인공인 백설 공주의 얼굴과 몸은 비현실적이며, 그녀의 행동은 터무니없다. 또 다른 백설 공주는 월트 디즈니(Walt Disney)에게 죽음의 종소리를 울릴 것이다."

– 1938년 〈Current History〉지의 논평

"영화 '러브 미 텐더(Love Me Tender)'에 출연한 엘비스(Elvis)는 거대한 몸집에 축 늘어진 근육과 늙어 보이는 얼굴을 지닌 청년이다. 영화 속에서 그는 눈에 거슬릴 만큼 빈정거리는 태도로 노래를 부르고 있다. 어떻게 이런 흉물스러운 인물이 출연하였을까?"

– 1956년 〈Films in Review〉지의 논평

"영화 '스타워즈(Star Wars)'는 작년의 일기예보만큼이나 진부하고 따분한 신세계를 나타내고 있다. 영화 속의 인물들은 별다른 개성이 없고, 이들의 말투는 지루하고 장황할 뿐이다."

– 1977년 〈New York〉지의 논평

"영화 '제국의 역습(The Empire Strikes Back)'에 등장하는 모든 것은 낡고 진부하며 가식적이다. 한 솔로(Han Solo) 역을 맡은 해리슨 포드(Harrison Ford)는 버릇없고 음탕한 인물로 비친다."

– 1980년 〈National Review〉지의 논평

만약 당신이 이와 같은 비판을 받았다면 어떨까? 물론 당신은 당신에 대한 비판으로부터 뭔가를 배워야 하겠지만 당신의 가치와 고유성을 잃어서는 절대 안 된다. 그 이유는 때때로 당신에 대한 비판에는 완전히 터무니없는 것도 있기 때문이다.

비판은 주로 특정한 관점을 기준으로 행해진다. 이를테면 당신을 비판하는 사람은 당신의 일면을 보았을지언정 당신의 또 다른 면(당신이 어떤 사람인지, 당신이 무엇을 추구하는지, 당신이 무엇을 좋아하는지 등등)을 보지는 못했을 것이다.

누군가가 당신을 신랄하게 비판했을 때 당신의 심정이 어땠는지를 기억해 보라. 아마도 당신은 비참해서 쥐구멍에라도 들어가고 싶었을 것이다. '역지사지'라는 말이 있듯이, 만약 당신에게 다른 사람들을 비판할 기회가 주어진다면, 당신은 이들을 비판하되 적개심을 가져선 안 된다. 이들에 대한 비평가가 아니라 이들의 변호사가 되어 보라.

삶에서 성취감과 만족감을 느끼려면 당신을 비판하거나 비난하는 사람들을 넘어서야 한다. 당신이 타인의 비판에 어떻게 대응하는지는 당신의 삶에 큰 영향을 끼친다.

당신을 비판하는 사람들에게 휘둘려서도 안 되며, 이들의 비판을 맹목적으로 두려워하거나 회피해서도 안 된다. "만약 당신이 살아가면서 타인의 비판

을 두려워한 나머지 도전해야 할 장애물이 없는 안전하고 무난한 일만을 추구한다면, 당신은 그 이상의 일을 해내진 못할 것이다." 찰스 도지슨(Charles Dodgson, 영국의 수학자)의 이 말처럼, 도전이나 비판 없인 그 어떤 의미 있는 일도 이루어지지 않는다. 수많은 훌륭한 아이디어가 세상에서 빛을 보지 못하고 사라진 이유는 바로 이런 아이디어를 지닌 사람들이 자신을 향한 비판을 인내하지 못하고 그 아이디어의 가치를 포기했기 때문이다.

당신은 당신을 비판하는 사람들이 어떤 사람인지 생각해 본 적이 있는가? 만약 당신이 이들의 비판에 마음의 동요를 보이고 휘둘린다면, 이들은 끊임없이 당신 곁에 머물면서 당신의 약점을 찾으려고 애쓸 것이다. 이들에게 가장 쉬운 일은 남의 약점을 찾는 것이며, 이들은 마치 수색 영장 없이 잘못을 캐내는 탐정과도 같다. 또 이들은 당신에 대해 최악의 상황을 예상하기도 하고 최악의 상황을 만들기도 한다. 크리스토퍼 몰리(Christopher Morley, 미국의 작가)는 이를 두고 이렇게 말했다. "비판의 목소리는 기차가 지나갈 때 크게 울리는 철도 건널목의 신호음과도 같다." 윌리엄 해즐릿(William Hazlitt, 영국의 작가) 역시도 같은 맥락의 이런 말을 남겼다. "타인에 대한 비판만을 일삼는 사람들은 타인의 보복을 받을 가치도 없는 하찮은 사람이다. 이들은 타인을 깎아내리는 데 몰두할 뿐 자신의 고유한 자존감을 높이는 데에는 관심이 없다."

데니스 홀리(Dennis Hally, 미국의 작가)는 이렇게 말하였다. "당신이 좋은 사람이기 때문에 세상이 당신을 공정하게 대할 것이라고 기대하는 것은 당신이 채식주의자이기 때문에 황소가 당신을 공격하지 않을 것이라고 기대하는 것과 같다." 그의 말이 암시하듯이, 당신이 아무리 선하고 좋은 사람이라고 해서 모든 사람이 당신을 그렇게 생각하는 것은 아니다. 즉 당신이 어떤 일을 하더라도 타인의 비판이 따르기 마련이다. 중요한 것은 당신에 대한 타인의 비판은 자연스러운 것이며 이런 비판이 당신을 해칠 수는 없다는 것이다.

"비판이 남에게 해를 끼칠 수 있는 실질적 힘을 지니고 있었다면, 스컹크는 지금쯤 멸종되었을 것이다." 프레드 앨런(Fred Allen, 미국의 희극 배우)이 한 이 말에 나는 전적으로 동의한다. 아울러 나는 이렇게 덧붙이고 싶다. "비판을 일삼는 사람은 허공에 발길질하는 사람과 같으며, 발길질을 일삼는 사람은 제대로 서 있을 수가 없다. 위대한 사람은 아이디어를 논하고, 보통 사람은 사건을 논하며, 소인배는 타인을 논한다."

"남을 비판하지 말라. 그러면 너희도 비판받지 않을 것이다(마태복음 7장 1절)"라는 성경 말씀처럼, 당신은 비판을 일삼는 사람이 되어선 안 된다. 당신이 남에게 흙을 던지면, 그 흙이 당신을 더럽힐 것이다. 즉 당신이 남에게 흙을 던지지 않으면, 그 어떤 흙도 당신을 더럽히지 않을 것이다. 흙을 던지는 사람은 결코 손이 깨끗할 수가 없다.

남을 헐뜯거나 비판하는 말로는 만족스럽고 성공적인 삶을 개척할 수가 없다. 만약 당신이 누군가를 바닥으로 떨어뜨리기 위해 비난이나 비판을 일삼는다면, 당신 역시 아래로 떨어질 것이다. 존 틸럿슨(John Tillotson, 영국의 대주교)은 이에 대해 이렇게 지적했다.

"남의 가치를 떨어뜨리려고 애쓰는 것만큼 자신의 가치를 떨어뜨리는 것은 없다."

헨리 포드(Henry Ford, 미국의 기업가) 역시도 똑같이 지적한다.

"사람과 자동차는 아주 비슷하다. 어떤 자동차는 둔탁한 소리를 내면서 거칠게 움직이고, 또 어떤 자동차는 아무런 소리 없이 부드럽게 움직인다. 자동차에서 발생하는 둔탁한 소리는 자동차에 문제가 있다는 신호이다. 이와 마찬가지로 사람 입에서 나오는 불쾌한 비판의 소리는 그 사람에게 문제가 있다는 신호이다."

당신이 비판을 두려워하면, 당신은 아무것도 이루지 못할 것이다. 당신이 모래 사장에 누워 선텐하고 싶다면, 당신은 피부에 생기는 물집과 얼굴에 튀기는 모래를 감수해야 한다. 스스로 당신이 하는 일이 옳다는 것을 알 때, 당신을 향한 비판은 공허하게 흩어지는 소리가 될 뿐이다.

당신이 성공적인 삶을 누릴 때

당신을 향한 시기나 비판은 일어나기 마련이다.

왜? 어째서 안 돼?
내가 안 될 이유가 뭐야?
지금 못 할 이유가 뭐야?

"만약 당신이 성공할 의지를 지니고 있다면, 당신은 성공의 절반을 달성한 것이나 다름없다.
하지만 당신이 성공할 의지를 지니고 있지 않다면,
당신은 실패의 절반에 이른 것이나 다름없다."

- 데이비드 암브로스(David Ambrose) -

언젠가 나는 임신한 지 8개월 된 아내와 함께 시내의 한 식당에서 이른 저녁을 먹은 적이 있다. 식사를 마치고 나와서 보니 먹구름이 보였고 곧 큰비가 쏟아질 것 같았다. 나는 약간 망설였으나 당장은 빗줄기가 가늘어서 손수 운전을 해서 집에 가기로 마음먹었다.

우리는 시내를 나와 교외에 있는 집으로 향했다. 얼마 지나지 않아 우리는 개울을 가로지르는 익숙한 도로에 접어들었다. 나는 차를 멈추고 운전석에서 도로를 살펴보았다. 도로의 절반 이상이 물로 뒤덮여 있었으나 깊어 보이진 않았다. 나는 반쯤 물에 잠긴 도로를 향해 조심스럽게 소형차를 몰았다. 정말 무모한 짓이었다.

차가 진입하자 순식간에 도로 위의 물이 불어나면서 물살도 빨라졌다. 차는 이리저리 흔들리기 시작하였고, 순간 물에 둥둥 뜨더니 개울 쪽으로 움직였다. 차가 개울에 빠지기라도 하면 차에 갇혀 모두 익사할 수 있는 매우 심각한 상황이었다. 차는 나아가지 않고 계속 물살에 밀렸고 물살이 빨라진 개울 아래로 떨어지기 일보 직전이었다.

순간 우리는 차가 개울에 빠지기 전에 차에서 탈출해야 함을 직감하였다. 나는 아내에게 창문을 열고 밖으로 나가라고 외쳤다. 그녀는 놀라울 정도로 침착하게 밖으로 나갔으며, 나 역시 그렇게 하였다. 다행히도 우리가 차에서 탈출하여 물살을 거슬러 올라가고 있을 때 응급 구조대원이 도착하였다. 대원들은 우리를 신속히 안전한 곳으로 대피시켰다.

돌이켜보면, 나는 물에 잠긴 도로를 향해 차를 몰겠다는 잘못된 결정으로 위기를 맞았으나 차를 버리고 탈출해야 한다는 올바른 결정으로 위기를 모면하였다.

*

사람들 대부분이 내리는 결정은 앞에서 언급한 나의 결정만큼 극적이지는 않다. 하지만 때로는 사소해 보이는 결정이 삶에 큰 영향을 끼치는 중대한 결정이 될 수도 있다. 삶에서 성공적이고 만족스러운 사람들의 공통점은 결정을 내려야 할 순간에 자기 주도적으로 신중하게 결정을 내린다는 것이다. 물론 그 결정이 완전무결한 것은 아닐지라도.

"지금 내가 내리는 결정이 내 인생의 마지막 보루가 될 수 있다." 이 말을 들어 본 적이 있는가? 이 말이 알려주듯이 결정을 한다는 것은 삶을 위해, 특히 성공 적인 삶을 위해 본질적인 일이다. 만약 결정을 내려야 할 순간에 결정을 내리지 못한다면, 당신의 삶은 어떤 식으로 전개될까? 한 가지 분명한 사실은 크든 작든 모든 성취는 결정에서부터 시작된다는 것이다.

운명을 결정하는 것은 우연이 아니라 선택이다. 어깨에 배트를 올려놓는 것만 으로는 안타를 칠 수 없다. 배트를 휘둘러야만 안타를 칠 수 있는 것처럼, 아무 리 작은 일이라도 결정이라는 행위 없인 이루어질 수 없다. 유감스럽게도 너무나 도 많은 사람은 자신이 무엇을 원하는지 알지도 못하면서 자신이 원하는 것을 이루지 못한다고 확신하면서 살아간다. 허버트 프로크노(Herbert Prochnow, 미국의 금융업자)는 이렇게 말하였다. "우리의 꿈을 실현할 수 있는 삶의 길을 확고히 선택해야 할 시기가 있다. 만약 그 시기를 놓치게 되면 방만하고 중심이 없는 삶의 길이 우리를 뒤흔들 것이다." 잠시 이 말을 음미해 보라.

당신 앞에 손수레와 카누가 있다고 가정해 보자. 손수레와 카누를 움직이려 면 손수레를 밀거나 당기고, 노를 저어야 한다. 이와 마찬가지로 당신은 삶에서 올바른 결정을 내리기 위해 다른 사람을 움직일 수 있어야 한다. 다시 말하면 다 른 사람이 당신과 당신의 결정을 좌지우지하도록 해서는 안 된다. 당신의 삶을 더 좋게 만들기 위해 지금 당장 무언가를 선택해 보라. 선택은 당신의 몫이다.

"만약 당신이 성공할 의지를 지니고 있다면, 당신은 성공의 절반을 달성한 것 이나 다름없다. 하지만 당신이 성공할 의지를 지니고 있지 않다면, 당신은 실패 의 절반에 이른 것이나 다름없다." 데이비드 암브로스(David Ambrose, 영국 작가)의 말이다. 루 홀츠(Lou Holtz, 미국 미식축구 감독) 또한 이렇게 말했다. "만약 당신이 무슨 일을 하든지 간에 그 일에 전념하지 않는다면, 당신은 그 일이 조금이라도 잘못될 때 그 일에서 도망칠 궁리만 하게 될 것이다."

이 두 사람의 말을 염두에 두고 다음을 생각해 보자. 가령 당신이 운항하고 있는 배에서 물이 샌다면, 당신은 배를 복구할 의지를 버리고 탈출만을 시도할 것인가? 아니면 구명조끼를 입고 노를 저어서라도 배를 물가로 이동시킬 것인가?

당신이 자기 자신에게 헌신한다면, 신은 기꺼이 당신 편이 되어 줄 것이다. 즉 당신 자신에게 헌신하지 않으면 절대로 일어나지 않을 일이 당신을 돕기 위해 일어날 것이다. 에드거 로버트(Edgar Roberts, 미국 작가)는 "모든 인간의 마음은 무한한 잠재력을 지니고 있다. 그리고 무한한 잠재력을 깨우는 것은 자기 자신에게 헌신하고자 하는 강렬한 열망과 확고한 결단이다"라고 말하였다. 케네스 블랜차드(Kenneth Blanchard, 미국 작가)도 "관심과 헌신은 차이가 있다. 당신이 무언가를 하는 것에 관심이 있으면, 당신은 형편이 좋을 때 그것을 하면 된다. 반면에 당신이 무언가를 하는 것에 헌신하면, 당신은 변명이 아니라 오직 결과만을 받아들이게 된다"라고 말하였다.

이들의 말에 비추어 보면, 우리 삶에 큰 영향을 끼치는 것은 지능이나 능력보다는 헌신과 결단이라 할 수 있겠다.

잠시 눈을 감고 다음의 말을 음미해 보자.

"당신이 진심으로 바라는 게 무엇인지 모른다면, 어떻게 당신이 바라는 것을 얻을 수 있겠는가?"

– 모리스 스위처(Maurice Switzer, 미국 작가)

"의학은 수많은 질병에 대한 치료법을 발견했으나 인간의 최악의 질병인 무관심과 무기력증에 대한 치료법을 발견하진 못하였다."

– 헬렌 켈러(Helen Keller, 미국 교육자)

"오늘 너희가 누구를 섬길지 스스로 선택하라."

– 여호수아 24장 15절

"망설임은 헛될 뿐만 아니라 사람을 지치게까지 한다."

– 버트런드 러셀(Bertrand Russell, 영국 철학자)

"우리가 소유하지 못한 것, 우리가 사용한 것, 우리가 보지 못한 것, 우리가 선택한 것 등등, 이 모든 것은 우리의 행복감을 높이기도 하고 떨어뜨리기도 한다."

– 조셉 뉴턴(Joseph Newton, 미국의 박애주의자)

아이러니하게도 당신의 선택과 결정을 주저하게 하는 우유부단함이 다른 사람에게 유리하게 작용하기도 한다. 그 이유는 당신이 뭔가를 결정하지 못하고 망설일 동안에 다른 사람은 그 뭔가에 대해 생각해 볼 수 있기 때문이다. 하지만 그렇다 할지라도 당신은 오늘 해야 할 선택과 결정을 내일로 미뤄선 안 된다. 물에 물 탄 듯한 어정쩡한 태도가 최악의 상황을 불러올 수도 있다. 일단 당신이 선택과 결정을 하게 되면, 당신의 몸과 마음은 뭐든지 할 태세를 갖추기 마련이다. 지금 당장 당신의 희망과 꿈을 세워 보라.

어정쩡한 마음의 길에는 노란 줄무늬가 그어진 죽은 아르마딜로 외엔 아무것도 없다.

- 짐 하이타워(Jim Hightower, 미국 작가) -

만약 내가 뭐든지 할 수 있다면, 지금 당장 무슨 일을 하고 싶은가?

"사람은 발전 가능성을 지니고 있다는 점에서 누구나 비슷하다.
하지만 그 가능성을 실현하려고 노력하느냐 그렇지 않으냐에 따라
사람 간의 차이는 크게 발생한다."

- 몰리에르(Molière) -

나는 아버지의 권유로 열두 살에 처음으로 아르바이트를 하게 되었다. 고용주는 나에게 "잔디를 깎아드립니다. 주 1회 기본에 필요에 따라 그 이상도 가능합니다"라는 문구가 적힌 명함을 만들어 주기까지 하였다.

나는 대학교에 입학할 때까지 이 아르바이트를 계속하였다. 나는 자전거를 타고 이동하였으며, 자전거 짐칸에 항상 빗자루와 잔디 깎는 기계를 놓아두었다. 주로 마을의 주택가와 공공기관에 있는 잔디밭을 다니면서 나는 주 1회 평균 500㎡ 넓이의 잔디를 깎았다.

나는 잔디 깎는 아르바이트를 하면서 많은 돈을 벌고 저축도 하였다. 특히 나는 일을 할 수 있다는 그 자체가 얼마나 값지고 소중한지를 깨닫게 되었다.

*

당신은 탁상공론으로 당신의 운명을 개척할 순 없다. 당신의 운명을 개척하기 위해서는 해야 할 일을 행동으로 옮기는 실천력이 필요하다. 당신이 성공적이고 만족스러운 삶을 살고 싶다면 당신의 좋은 생각을 실천으로 옮기기만 하면 된다. 당신이 진취적일수록 당신의 삶은 더욱더 자유롭고 풍요로워질 것이다.

셰익스피어(Shakespeare, 영국 극작가)는 이렇게 말하였다. "이 세상의 어느 것도 무에서 창출될 수는 없다." 이 말대로 무에서 유를 창출할 수 없는 것처럼 실천이 따르지 않는 신념은 아무것도 창출할 수 없고 아무런 가치도 없다. 더욱이 성경에는 '실천'이라는 말이 무려 500번 이상 언급되고 있다. 만약 당신이 뭔가를 간절히 바라고 있다면, "지금 당장 일어나서 실천하라"라는 말을 되뇌어 보라.

"아무런 노력 없이 성공을 바라는 것은 씨앗을 뿌리지 않은 곳에서 수확을 기대하는 것과 같다." 데이비드 블라이(David Bly, 미국 정치인)의 이 말이 암시하는 것처럼, 자신의 신념을 실천으로 옮기려고 노력하지 않는 한 그 신념은 아무런 의미가 없다. 다시 말해 당신의 노력 없이 어떻게 당신의 꿈을 이룰 수 있겠는가?

벤자민 프랭클린(Benjamin Franklin, 미국 정치인)은 이렇게 말했다. "게으른 사람이 가장 성공적일 때는 그가 아무것도 하지 않을 때다. 그리고 게으름은 천천히 다가오지만 가난은 순식간에 게으른 사람을 덮친다." 이 말처럼 실행하지 않은 결과는 어느 순간 그 사람의 삶을 나락으로 떨어지게 하고 만다.

성공에 관한 터무니없는 말만 늘어놓으면서 엄청난 시간을 낭비하는 사람, 게으른 사람, 아무런 대가도 치르지 않고 좋은 것만을 얻으려는 사람, 불가능한 것은 없다고 말하면서 아무것도 하지 않는 사람 등등, 이런 부류의 사람은 사실 어디에나 있다. 당신은 어떤 부류인가? 만약 당신이 이런 부류의 사람이 아니라면, 당신은 철저히 이런 부류의 사람을 경계해야 한다. 이런 부류의 사람이 당신에게 최악의 영향을 끼칠 수도 있기 때문이다.

다행히도 신은 이런 부류의 사람을 위한 자리를 마련해 놓지는 않았다. 신이 사과를 만들었다면, 사과 주스를 만드는 것은 당신의 몫이다. 신이 수많은 일자리를 만들었다면, 실제로 일을 하는 것은 당신의 몫이다. 말하자면 당신은 일하는 사람이 되어야지, 일에 관해 주절거리는 사람이 되어선 안 된다. 아울러 당신은 일을 축복으로 여겨야지, 부담으로 여겨선 안 된다. 일할 수 있는 당신은 이미 축복을 받은 것이나 다름없다. 그렇지 않은가?

잠시 숨을 고르면서 "사람은 발전 가능성을 지니고 있다는 점에서 누구나 비슷하다. 하지만 그 가능성을 실현하려고 노력하느냐 그렇지 않으냐에 따라 사람 간의 차이는 크게 발생한다"라는 몰리에르(Molière, 프랑스 희극 작가)의 말을 새겨보자. 미국의 인력채용 컨설팅사인 로버트 하프(Robert Half)의 "게으름은 실패의 비밀 열쇠이지만 실패하는 사람은 자신이 그 열쇠를 지니고 있다는 것을 알아차리지 못한다"라는 사훈 역시도 게으름에 대한 일침을 주고 있다.

브렌던 프랜시스(Brendan Francis, 아일랜드 극작가)는 이렇게 말하였다.
"창조적인 영감은 긴 머뭇거림에서 나오는 것이 아니라 즉각적인 행동에서 나온다."

나는 그의 말에 전적으로 공감하면서 다음과 같은 말을 남기고 싶다.

"우리가 겪는 많은 문제는 일하지 않고 빈둥거리기만 할 때와 듣지 않고 말하기만 할 때 발생한다."

당신이 아무것도 하지 않는 한

성공의 열쇠는 아무짝에도 쓸모가 없다.

내가 자주 하는 궁색한 변명은 무엇인가?
왜 나는 아직도 그런 변명을 하는가?

"덫에 걸린 여우가 자신을 탓하지 않고 덫만을 탓하는 한,
그 여우는 절대 덫에서 빠져나올 수 없다."

- 윌리엄 블레이크(William Blake) -

나는 수년간 몇몇 교회의 목회 활동을 지원하는 자문 위원으로 일한 적이 있다. 자문 위원으로서 나는 항상 일요일 아침 예배에 참석하면서 '예배 참석자들이 어떤 식으로 환영받는지', '예배를 진행하는 데 방해되는 요인은 무엇인지', '예배에 참석한 아이들의 안전은 어떤지', '교회 주변의 주차 혼잡은 없는지' 등을 두루 살펴보았다.

교회의 자문 위원으로 일하던 때에 나에게 아주 인상적이었던 교회가 하나 있었다. 어느 일요일 아침 예배 시간에 이 교회의 목사, 부목사, 전도사가 모든 예배 참석자들과 마주 보면서 단상에 앉아 있었다. 이 교회는 찬송할 때 찬송가책을 사용하지 않고 대형 화면에 찬송 가사를 비추어 준다. 그런데 이날은 찬송 가사가 대형 화면 바로 앞에 앉은 전도사(키가 무려 197cm 정도에 이름)에 가려서 프로젝터를 전도사 머리 위로 비추어야 했다. 그래서 모든 찬송 가사의 처음

한두 줄은 대형 화면 위의 천장에 비치었다. 유감스럽게도 예배 참석자들은 천장에 비친 가사를 제대로 보지 못했고 대형 화면에 비친 가사만을 보고 찬송하였다.

그날 아침 예배를 마치고 나는 목사를 포함한 교회 간부진과 점심을 함께하였다. 우리는 식사를 하면서 아침 예배에 관한 이야기를 나누었다. 나는 그들에게 "여러분은 예배 참석자들이 찬송가의 처음 한두 줄을 부르지 않고 서너 줄부터 불렀다는 것을 알고 있나요?"라고 물어보았다. 그들 중에 한 사람이 기다렸다는 듯이 대답하였다. "물론 알고 있죠. 몇 달 전부터 이런 일이 반복되고 있어요. 우리는 예배 참석자들이 찬송가의 처음 한두 줄을 빠뜨리지 않고 부르도록 신경을 많이 썼어요. 아울러 우리는 새로운 찬송가, 아주 익숙한 찬송가, 인기 있는 찬송가 등과 같이 다양한 찬송가를 적용해 보기도 했어요. 하지만 우리의 이런 노력이 별 도움이 되지 않았어요. 이들은 여전히 찬송가의 처음 한두 줄을 부르지 않고 있어요." 확실히 그의 말투에는 예배 참석자들에 대한 실망감이 스며 있었다.

나는 웃음을 감추면서 이렇게 말하였다. "여러분은 대형 화면의 아랫부분을 가리고 있는 키 큰 전도사 때문에 설비 담당자가 프로젝터를 위쪽으로 비추었다는 것을 알고 있나요? 그러니까 찬송 가사의 처음 한두 줄은 항상 천장에 비칠 수밖에 없었어요. 내 말을 이해하겠죠?"

목사를 포함한 교회 간부진은 내가 말한 사실을 전혀 모르고 있었다. 그들은 자신들이 문제의 원인일 수도 있다는 것을 고려하지 않고 예배 참석자들에게서

만 그 원인을 찾으려고 하였다. 결과적으로 그들은 문제에 대한 변명만을 찾았을 뿐이다. 거의 30년이 지난 지금, 종종 나는 그때의 목사와 함께 지난날을 회상하면서 미소를 짓곤 한다.

*

에드먼드 고스(Edmund Gosse, 영국 작가)는 이렇게 말하였다. "당신이 누군가를 칭찬할 땐 그다지 조심해야 할 건 없다. 하지만 당신이 누군가를 탓할 땐 정말 신중해야 한다." 이 말처럼 당신의 잘못이나 실수를 남의 탓으로만 여길 때 당신은 생각지도 못한 문제를 일으킬 수도 있고 상황을 왜곡할 수도 있다. 당신이 여러 번 넘어지더라도 다른 사람 때문에 넘어졌다고 말하지 않는 한, 당신은 당당하게 다시 일어설 수 있다.

유감스럽게도 우리가 사는 세상에는 변명이 넘쳐난다. 몇몇 사람들은 무엇을 하겠다는 걸 말로만 하면서 인생을 허비하기도 하고, 또 몇몇 사람들은 해야 할 일을 하지 못한 이유만을 설명하면서 인생을 허비하기도 한다. 만약 당신이 변명에 능숙한 사람이라면, 당신이 아무리 올바른 일을 했더라도 다른 사람들은 당신의 정당성을 믿지 않을 것이다.

다시 한번 강조하지만, 당신이 여러 번 실패하더라도 다른 사람 때문에 실패했다고 말하지 않는다면 얼마든지 실패를 만회할 기회가 온다. 혹시라도 당신 자신의 실패를 남 탓으로 돌린다면, 당신은 실패를 만회할 자신의 잠재력을 포기하는 꼴이 된다.

당신에게 아무리 많은 변명거리가 있더라도 그 변명거리를 절대 사용하지 말라. 변명은 변명만을 낳을 뿐 잘못이나 실수를 만회하진 못한다. 물론 곤란한 상황에 놓였을 때 변명은 당신의 무거운 마음과 책임을 더 가볍게 해줄 수는 있다. 하지만 곤란한 상황에 놓일 때마다 변명만을 찾는다면, 당신은 징징거리고 떼쓰는 천덕꾸러기가 될지도 모른다. 사실 우리가 사는 세상은 모든 사람의 변명을 받아줄 정도로 호락호락하지 않다.

지금까지 살아오면서 당신이 변명하고 불평하느라 얼마나 많은 시간을 허비했는지 생각해 보라. 만약 당신이 허비한 시간이 멋진 일을 계획하고 실천하는 데 사용되었다면, 아마도 당신은 지금보다 훨씬 더 나은 삶을 누릴 수 있었을 것이다. 그렇지 않은가?

덫에 걸린 여우가 자신을 탓하지 않고 덫만을 탓하는 한, 그 여우는 절대 덫에서 빠져나올 수 없다." 윌리엄 블레이크(William Blake, 영국 작가)의 말이다. "잘못을 인정하는 것은 현명함이라는 밭에 새로운 가능성의 씨앗을 심는 것이나 다름없다." 아서 귀트먼(Arthur Guiterman, 미국 작가)의 말이다. 이들의 말에서 얻어지는 게 있는가?

세상에서 가장 불필요한 말은 변명이다.

나에게 보답할 기회가 없는 사람을 위해
내가 할 수 있는 일은 무엇인가?

"자기 자신의 이득에만 몰두하는 사람은 아주 작은 마음의 세계에 갇힌 사람이나
마찬가지이다. 행복에 이르는 최고의 방법은 자신을 잊고 타인에게 집중하는 것이다."

- 헨리 코트니(Henry Courtney) -

당신은 신이 당신의 미래를 알고 있다는 것을 믿는가? 당신이 믿든 믿지 않든 간에 신은 오로지 당신을 도울 목적으로 당신의 미래가 어떤지와 당신이 무엇을 필요로 하는지를 알고 있다. 나는 고등학교 시절에 신이 나를 돕고 있다는 것을 실제로 경험하였다.

어느 날 아버지는 나에게 'Junior Toastmasters Club'이라는 웅변 동아리에 가입할 것을 권유하였다. 하지만 나는 사춘기 학생들이 그렇듯이 아버지의 권유에 거부감을 느꼈다.

아버지는 밥 레이먼(Bob Leiman)이라는 사람과 친분이 있었다. 그는 고등학교 교감이자 전문 강연자였으며, 고등학생들의 말하기 능력을 키우기 위해 'Junior Toastmasters Club'이라는 웅변 동아리를 창설하였다. 그는 이 동아리를 '낙천주의 학생회'라고 부르기도 하였다.

아버지는 웅변 동아리 회원들과 친하게 지냈으며, 사람들 앞에서 말하는 방법을 배우는 것이 매우 유익하다고 생각하였다. 하지만 나는 그것에 전혀 관심이 없었다.

　나는 아버지의 거듭된 권유로 마지못해 웅변 동아리 모임에 아버지와 함께 처음 가게 되었다. 그날은 화요일 밤이었고, 모임 장소는 인디애나주 포트웨인 시내에 있는 오래된 YMCA 건물이었다. 우리는 어둡고 칙칙한 복도를 지나 모임이 열릴 회의실에 도착하였다. 그런데 우리가 회의실 문을 열었을 때 그곳엔 아무도 없었다. 나는 안도의 숨을 쉬면서 기쁨의 미소를 지었다.

　우리는 곧 모임 날이 화요일이 아니라 목요일임을 알아차렸다. 이틀 후에 우리는 모임 장소에 다시 가게 되었다. 나는 그곳에서 처음으로 밥 레이먼을 만났다. 특히 그곳은 내가 평생 사는 동안 수많은 사람에게 용기와 힘을 불어넣는 일을 하기로 마음먹었던 장소이다.

　나는 밥 레이먼을 만나고 나서부터 동아리 모임에 적극적으로 참여했고, 가능한 한 말하기 방법에 관한 모든 것을 배우려고 노력하였다. 밥 레이먼은 열정적으로 노력하는 나를 호의적으로 대해주었고, 나에게 전문 강연자가 될 것을 권유하였다. 나는 그의 권유에 흔쾌히 따랐고, 그는 나에게 전문 강연자가 되는 길을 상세히 가르쳐주었다.

　얼마 지나지 않아서 나는 고등학생 웅변대회에 여러 번 참여했고, 서너 차례 우승까지 하였다. 이후에 나는 수많은 공식 모임에 초대되어 전문적으로 강연을 하게 되었다. 우스갯소리지만 내가 고등학생 신분으로 강연하느라 맛있는 학교 급식을 놓친 게 최소 30회 이상은 될 것이다. 이렇게 내가 고등학교 시절부터 성공적으로 강연을 하게 된 것은 아버지와 밥 레이먼 덕분이다. 특히 밥 레이먼은 내가 좋은 강연을 할 수 있도록 많은 도움과 조언을 아끼지 않았다. 이 자리를 빌려 나를 지원해 준 모든 분께 감사의 말을 전하고 싶다.

*

지금 당신은 오직 당신 자신만을 돌보고 있는가? 당신이 가장 좋아하는 글자는 '나'인가? 당신의 유일한 버팀목은 자기애와 자존심인가? 만약 그렇다면 당신 자신의 내면을 성찰해 보라.

잠시 눈을 감고 다음의 말을 음미해 보자.

"자기중심적인 사람, 즉 남의 일보다 자기의 일을 먼저 생각하고 자신의 성공만을 중요하게 여기는 사람은 영혼이 없는 사람이나 다름없다."

– 웨슬리 휴버(Wesley Huber, 미국 심리학자)

"자신만을 위해 사는 사람은 실패자이다. 비록 그가 많은 재물과 높은 지위를 얻었다 할지라도 그는 여전히 실패자이다."

– 노먼 빈센트 필(Norman Vincent Peale, 미국 작가 겸 연설가)

"너희는 자기 스스로 지혜롭다고 여기는 자를 보았느냐? 진실을 말하건대 교만한 자에게보다는 바보에게 더 큰 희망이 있느니라."

– 잠언 26장 12절

"자기 자신의 이득에만 몰두하는 사람은 아주 작은 마음의 세계에 갇힌 사람이나 마찬가지이다. 행복에 이르는 최고의 방법은 자신을 잊고 타인에게 집중하는 것이다."

– 헨리 코트니(Henry Courtney, 영국 정치인)

"세상에서 가장 훌륭한 돋보기는 자기 자신을 성찰하는 눈이다."

– 알렉산더 포프(Alexander Pope, 영국 작가)

"자기 자신만을 생각하지 말고 타인을 생각하고 배려하도록 노력하라. 이타심은 보답을 가져오지만 이기심은 보복을 가져온다."

– 찰스 엘리엇(Charles Elliot, 영국 외교관)

"자기 자신을 믿는 건 괜찮지만 자신에 대한 지나친 확신은 금물이다."

– 버튼 힐리스(Burton Hillis, 미국 언론인)

만약 당신이 성공에 성공을 거듭한 나머지 세상의 주인공이 오직 당신뿐이라는 생각이 든다면, 지금 당장 당신이 해야 할 최선의 일은 그 생각을 버리는 것이다. 교만함은 언젠가 당신의 진정한 성장과 행복을 가로막는 장애물로 변하기 마련이다.

만약 당신의 마음이 이기심으로 가득 차 있다면, 지금 당장 당신이 해야 할 최선의 일은 당신의 마음을 이타심으로 채우는 것이다. 환자를 기쁘게 하지만 그 주변 사람들을 괴롭게 하는 질병이 바로 이기심이다. 이기심은 꽃을 피울지언정 열매를 맺진 못한다. 반면에 이타심은 꽃을 피우고 '느긋함과 편안함'이라는 열매를 맺는다.

우리가 모두 '나를 위한'이라는 글자보다 '너를 위한'이라는 글자를 더 좋아해 보면 어떨까?

우표조차도 편지 봉투에 붙지 않고 자기 몸에 붙으면 무용지물이 된다.

인생을 바꾸는
40가지 질문

제 2 장

당신의 성장과 발전을 가로막는 것은
혹시 나 자신이 아닌가?

"자기 자신의 가능성을 의심하는 사람은
스스로의 적이 되어 자신에게 무기를 겨누는 사람이나 다름없다."

- 알렉상드르 뒤마(Alexandre Dumas) -

한 노파가 어느 시골의 작은 교회 안으로 걸어 들어갔다. 친절한 안내원이 문 앞에서 그녀를 맞이하고 계단을 오르는 것을 도왔다.

안내원: 어디에 앉고 싶으세요?
노파: 앞줄에 앉고 싶어요.
안내원: 그렇군요. 그런데 목사님의 설교가 지루해서 앞줄에 앉길 권하고 싶진 않아요.
노파: 혹시 내가 누구인지 아세요?
안내원: 아니오.
노파: (화를 내면서) 나는 목사의 엄마예요.
안내원: 그럼, 당신은 내가 누구인지 아세요?
노파: 아니오.
안내원: 다행이네요.

*

스튜어트 존슨(Stewart Johnson, 미국의 외교관)은 이렇게 말하였다.

"우리가 살면서 해야 할 일은 다른 사람을 능가하는 것이 아니라 자기 자신을 능가하는 것이다. 예컨대 자신의 성과 기록 깨뜨리기, 어제보다 더 나은 자신의 오늘 만들기, 이전보다 더 열정적으로 일하기 등등."

이 말처럼, 당신을 포함한 우리는 자기 자신을 능가하기 위해 할 수 있는 모든 일을 해야 한다. 만약 당신이 겪고 있는 여러 가지 고충이나 문제가 누구에게 책임이 있는지 알고 싶다면, 거울을 보면서 당신의 내면을 성찰해 보라. 혹시라도 당신의 내면에서 그 책임이 당신에게 있다고 속삭이는 소리가 들린다면, 당신은 그 소리에 귀를 기울여야 한다. 당신의 내면의 소리를 외면하면 할수록 당신이 누릴 수 있는 마음의 평온함은 줄어들게 된다. 자신을 능가하기 위해서는 무엇보다도 자기 내면의 소리에 진심으로 귀를 기울여야 한다.

찰스 콜튼(Charles Colton, 미국 목사)은 이렇게 말하였다. "자기 자신에 대해 불평불만을 하는 순간, 그 사람은 불행한 삶의 길에 들어서게 된다. 자신에 대한 불평불만은 자기 내면의 적이나 다름없다." 찰스 콜튼의 말처럼, 불평불만으로 가득 찬 사람들 입에 자주 오르내리는 걸림돌은 사실 그들 자신의 내면에 있는 경우가 허다하다. 당신을 포함한 우리가 경계해야 할 것은 바로 내면 깊숙이 차지하고 있는 '남 탓'이라는 속삭임이다. 설령 당신이 다른 사람의 기대와 믿음을 얻지 못하더라도 당신은 성공적인 삶을 누릴 수 있다. 하지만 당신이 남 탓을 하면서 자신에 대한 믿음을 갖지 못한다면 당신은 결코 성공적인 삶을 누릴 수 없다. 이를테면 당신이 "내 인생은 왜 이 모양 이 꼴이지?"라고 말하면 할수록 당신의 인생은 정말로 '이 모양 이 꼴'이 된다는 것이다.

잠시 눈을 감고 다음의 말을 음미해 보자.

"자기 자신의 마음을 다스리지 못하는 자는 황량한 폐허와 다름이 없느니라."

– 잠언 25장 28절

"당신의 미래를 좌우하는 것은 주변 사람이 아니라 당신 자신이다."

– 프랭크 타이거(Frank Tyger, 미국 언론인)

"당신의 일은 당신이 마음먹은 대로 진행된다. 좋은 마음을 먹으면 당신의 일도 좋게 진행될 것이고, 나쁜 마음을 먹으면 당신의 일도 나쁘게 진행될 것이다."

– 지그 지글러(Zig Ziglar, 미국의 작가 겸 연설가)

"사람은 언제나 자기 자신에게 속는 것이지, 다른 누군가에게 속는 것이 아니다."

– 랄프 왈도 에머슨(Ralph Waldo Emerson, 미국 작가 겸 사상가)

"당신 자신의 삶과 목표에 반하는 말과 행동을 하지 말라. 만약 그렇게 한다면 당신은 자신에 대한 배신자나 다름없다."

– 팀 레드먼드(Tim Redmond, 미국 언론인)

"세상의 모든 사람은 자신이 감내해야 할 역할이 있기 마련이다."

– 매리언 크로퍼드(Marion Crawford, 미국의 작가)

"당신이 신의 다정한 목소리를 듣지 못할 때, 당신의 마음이 당신에게 최악의 적이 될 수 있다."

– 밥 해리슨(Bob Harrison, 미국 작가 겸 연설가)

"당신이 넘어서야 할 최대의 장애물은 당신 자신이다. 그리고 당신의 미래의 삶을 결정하는 것도 당신 자신이다."

– 제임스 앨런(James Allen, 영국 작가)

프랑스의 루이 14세는 이렇게 말하였다. "자기 자신을 지배하고 다스리는 사람이 진정한 강자이다." 이 말에 비추어 보면, 당신이 자신에게 굴복하지 않으면 당신을 굴복시킬 수 있는 사람은 아무도 없다. 무엇보다 당신 자신에게 굴복하지 않기 위해서는 당신 자신을 능가해야 하며, 당신 자신을 능가하기 위해서는 당신의 자아상을 올바르게 확립해야 한다. 당신의 자아상 속에서 당신의 미래가 어떨지 결정된다.

만약 당신의 마음이 부정적인 생각으로 가득 차 있다면, 지금 당장 해야 할 최선의 일은 그 마음을 긍정적인 생각으로 채우는 것이다. 항상 그렇듯이 생각은 말과 행동으로 옮겨지기 마련이다. 좋은 생각에서 행복의 싹이 트듯 나쁜 생각에서 불행의 싹이 트게 된다.

자신을 감싸고 있는 어둠만을 생각하지 말고 어둠이 걷혔을 때의 휘황찬란함을 생각해 보라. 그리고 "자기에 대한 긍정적인 생각은 자신에게 최고의 친구가 될 수 있으나 자신에 대한 부정적인 생각은 최악의 적이 될 수 있다"라는 프랭크 크레인(Dr. Frank Crane, 미국 언론인)의 말과 "지금의 너희는 너희 자신에 대한 너희 생각의 결과이니라(잠언 23장 7절)"라는 성경 말씀에 귀를 기울여 보라.

"스스로 마음의 장애물을 만들지 말라. 당신이 뭔가를 잘하려고 애쓰면 신은 항상 당신에게 도움의 손길을 내밀 것이다." 노먼 빈센트 필(Norman Vincent Peale, 미국 작가 겸 연설가)의 말이다. 알렉상드르 뒤마(Alexandre Dumas, 프랑스 작가)는 또 이렇게 말했다. "자기 자신의 가능성을 의심하는 사람은 스스로의 적이 되어 자신에게 무기를 겨누는 사람이나 다름없다." 이 두 사람의 말을 가슴에 새기면서 내가 바로 나 자신의 주인이라고 선언해 보는 건 어떨까?

당신 자신을 능가하라.

오늘 나는 무슨 거짓말을 믿고 있는가?

"타인과의 경쟁은 마음의 갈등을 불러일으키나 자신과의 경쟁은 삶의 지혜를 가져다준다."

- 워싱턴 올스턴(Washington Allston) -

사람들이 믿고 있는 가장 큰 거짓말은 자기 자신을 다른 사람과 비교해서 내리는 '자신에 대한 부정적 평가'이다. 비교해서 어느 하나를 평가하는 것은 어디까지나 상대적이지 결코 절대적일 수 없다.

사람들은 사실 다른 사람의 모습을 있는 그대로 바라보는 것이 아니라 선망의 대상으로 바라보면서 스스로 열등감을 느끼는 경우가 허다하다. 이를테면 다른 사람이 자기보다 훨씬 더 행복해 보인다는 어리석은 믿음이 스스로를 불만스럽게 한다.

체로키 인디언의 전설로 전해지는 두 마리의 늑대 이야기를 살펴보자.

늙은 추장이 자신의 손자에게 삶에 대해 가르치면서 말하였다.

"사람의 마음속에는 서로 싸우는 두 마리의 늑대가 있단다. 이 싸움은 정말 끔찍한 싸움이란다. 하나는 '악'이라는 늑대이고, 또 다른 하나는 '선'이라는 늑대야. '악'이라는 늑대는 분노, 질투, 슬픔, 후회, 탐욕, 교만, 자기 연민, 죄책감,

원망, 열등감, 거짓, 아집, 우월감, 자기 의심, 이기심 등을 품고 있어. 반면에 '선'이라는 늑대는 기쁨, 평화, 희망, 평온, 겸손, 친절, 자비, 공감, 관대함, 진실, 동정심, 신념 등을 품고 있지.

'악'이라는 늑대와 '선'이라는 늑대의 싸움은 너를 포함한 모든 사람의 마음속에서 일어나고 있단다.

손자는 잠시 생각하다가 물었다.

"어느 늑대가 이길까요?"

늙은 추장이 간단명료하게 대답하였다.

"싸움의 결과는 우리가 어떤 먹이를 주느냐에 달려 있단다. 이를테면 우리가 밝고 긍정적인 생각을 많이 하면 할수록 '선'이라는 늑대가 이기고, 우리가 어둡고 부정적인 생각을 많이 하면 할수록 '악'이라는 늑대가 이긴단다."

*

당신을 포함한 우리는 여러 가지 사건이나 상황에 대해 어떻게 반응할지를 선택할 수 있다. 체로키 인디언의 전설에 비추어 보면, 우리는 '악'이라는 늑대를 선택할 수도 있고 '선'이라는 늑대를 선택할 수도 있다.

질투는 우리에게 아무런 도움이 되지 않는 가장 불필요한 감정이다. 그리고 우리가 바라는 것과 우리가 가진 것을 비교하면 할수록 우리는 불행해지며, 우리가 가진 것에 감사하고 만족하면 할수록 우리는 행복해진다.

질투는 다른 사람이 잘되는 것을 시기하는 행위이면서 다른 사람을 왜곡되게 판단하고 깎아내리는 행위이기도 하다. 흔히 질투는 자신을 다른 사람과 비교하는 데서 비롯되며 자기 자신의 마음을 갉아먹는다.

만약 질투가 질병이라면 누구나 한 번쯤은 이 질병에 걸려본 적이 있을 것이다. 그리고 이 질병에 걸려본 사람이라면 누구나 자신을 다른 사람과 비교해서 질투를 느끼는 것이 얼마나 어리석은 일인지 잘 알 것이다. "질투는 휴일과 휴식을 갖지 않는다"라는 프랜시스 베이컨(Francis Bacon, 영국 정치인)의 말에서도 이 사실을 잘 알 수 있다. "자신을 판단 기준으로 삼아 자신을 타인과 비교하는 것만큼 무지한 일은 없다(고린도후서 10장 12절)"라는 성경 말씀 역시도 이런 가르침을 전해준다.

워싱턴 올스턴(Washington Allston, 미국 작가)은 말하였다. "타인과의 경쟁은 마음의 갈등을 불러일으키나 자신과의 경쟁은 삶의 지혜를 가져다준다." 이 말이 알려주듯이, 우리의 마음을 괴롭히는 것은 다른 사람들을 오직 경쟁 상대로만 여기고 이들을 무작정 이기려는 맹목적 경쟁심에 있다.

당신은 어떤가? 만약 당신이 이웃과 동료를 삶의 경쟁자로 여기고 이들을 이기려고만 한다면, 아이러니하게도 당신에게 찾아드는 것은 조바심과 패배감뿐이다. 반면에 당신이 자신과의 경쟁에서 자신을 이기려고 하면 할수록 당신에게 찾아드는 것은 느긋한 마음과 넉넉한 자존감일 것이다.

잠시 눈을 감고 다음의 말을 음미해 보자.

"항상 우리는 우리의 것이 아닌 것(가질 수 없는 것, 가지고 있지 않은 것, 가져서는 안 되는 것)이 우리의 것(가질 수 있는 것, 가지고 있는 것)에 대한 만족감을 해치지 않도록 경계해야 한다."

– 리처드 에번스(Richard Evans, 영국 역사학자)

"비교는 실제 이상으로 사람을 행복하게 하거나 비참하게 한다."

– 토머스 풀러(Thomas Fuller, 영국 역사학자)

"자신을 자기보다 더 나은 사람의 처지와 비교하지 말고 비슷한 부류에 속한 사람의 처지와 비교하라. 그러면 자신의 처지에 대해 불만이 아니라 감사함과 편안함을 느끼게 된다."

– 헬렌 켈러(Helen Keller, 미국 교육자)

"나방이 옷을 갉아먹듯이 질투는 사람을 갉아먹는다."

– 요한 크리소스톰(St. John Chrysostom, 그리스 성직자)

"당신의 조상이 얼마나 큰 업적을 세웠는지는 당신에게 그다지 중요하지 않다. 중요한 것은 당신이 당신의 업적을 세워야 한다는 것이다."

– 아일랜드 속담

주어진 지금의 상황에서 사람의 마음을 가장 괴롭히는 것은 다른 사람들이 자신보다 훨씬 더 행복하다는 터무니없는 믿음이다. 만약 당신이 다른 사람들보다 덜 행복하다고 믿는다면, 실제로 당신은 다른 사람들만큼 행복해지기가 어려울 것이다. 하지만 당신이 다른 사람들만큼 행복하다고 믿는다면, 당신은 지금보다 더 행복해질 수 있다. 행복은 어디까지나 당신 곁에 있을 뿐이다. 당신이 사회적으로 성공을 했든 그렇지 않든 간에 지금 당신 자신에게 호의적인 태도를 보이기만 하면, 행복은 언제 어디서든지 당신을 향해 고개를 내밀 것이다.

당신은 다른 사람들이 당신을 어떻게 생각하고 평가할지에 대해 신경이 쓰이는가? 당신은 자신의 의견보다 다른 사람들의 의견에 더 많이 의존하는가? 당신은 무슨 일을 하든지 간에 다른 사람들의 인정과 동의를 얻는 게 중요하다고 생각하는가? 만약 그렇다면, 지금 당장 당신이 해야 할 최선의 일은 당신의 머릿속에서 '비교'라는 말을 지우는 것이다. 항상 그렇듯이 자신과 타인의 비교는 자신에 대한 부정적 평가로 귀결되며, 자신에 대한 부정적 평가는 타인에 대한 질투로 옮아가게 된다. 특히 질투는 당신의 성공적인 삶을 가로막은 채 당신의 영혼을 흐리게 하면서 당신의 진정한 만족과 행복을 빼앗아갈 것이다.

비교와 질투는 실제 이상으로 사람을 행복하게 하거나 슬프게 한다.

이게 나의 최선인가?

"최선의 사람이 되기 위해 최선을 다했다는 사실을 깨닫는 순간,
당신 마음에 평화가 찾아온다. 이런 마음의 평화가 곧 성공이다."

- 존 우든(John Wooden) -

호주의 퀸즐랜드주에 있는 한 공립고등학교는 학교에 전화를 걸면 다음과 같은 음성 메시지를 제공한다.

안녕하세요? 학교 자동 응답 전화 서비스에 연결되었습니다. 상담원의 적절한 도움을 받고 싶다면, 다음의 선택 사항을 잘 들어보세요.

* 자녀가 결석한 이유에 대해 거짓말을 하려면 1번을 누르세요.
* 자녀가 과제를 하지 않은 이유에 대해 변명을 하려면 2번을 누르세요.
* 학교 운영에 대해 불평을 하려면 3번을 누르세요.
* 교직원에게 욕을 하려면 4번을 누르세요.
* 발송된 가정통신문의 내용을 숙지하지 못한 이유에 대해 변명하려면
  5번을 누르세요.

* 자녀의 바람직한 교육을 위해 학교를 신뢰해야만 하는 이유에 대해
  알려면 6번을 누르세요.
* 누군가를 밀치거나 때리고 싶다면 7번을 누르세요.
* 담임교사에 대한 자녀의 불만을 듣고 담임교사를 교체하길 바란다면
  8번을 누르세요.
* 학교 버스 운행에 대해 불평을 하려면 9번을 누르세요.
* 학교 급식에 대해 불평을 하려면 0번을 누르세요.

만약 10개의 선택 사항 중 어느 하나라도 선택하고 싶지 않다면, 전화를 끊고 편안한 하루를 보내세요. 만약 자녀의 행동과 수업 태도에 대한 책임이 자녀에게 있다고 믿는다면, 전화를 끊고 편안한 하루를 보내세요. 만약 자녀의 노력 부족에 대한 책임이 담임교사가 아니라 자녀에게 있다고 믿는다면, 전화를 끊고 편안한 하루를 보내세요.

*

이 공립고등학교의 사례가 알려주는 것처럼, 만족스럽고 성공적인 삶을 사는 것은 전적으로 자기 자신에게 달려 있다.

리처드 휴즈먼(Richard Huseman, 미국 작가)은 이렇게 말하였다.

"우리는 언제 어디서든 최선의 삶을 가꾸도록 노력해야 한다. 그리고 하루의

끝에서든 인생의 끝에서든 간에 스스로 최선의 삶을 가꾸었는지를 성찰해야 한다. 그다음 자기 자신에게 다음과 같은 질문을 해보라. 나는 나 자신에게 부끄럽지 않도록 최선을 다했는가? 나는 주변 사람들에게 본보기가 될 정도로 최선을 다했는가?"

이 말처럼 삶에서 중요한 것은 자기 자신에게 최선을 다하는 것이지, 최선을 다하지 못한 그럴듯한 변명거리를 찾는 것이 아니다.

아이러니하게도 사악한 사람만이 우리가 사는 세상에 해를 끼치는 것이 아니라 나약한 사람도 해를 끼치는 경우가 많다. 사악한 사람의 마음은 말 그대로 악으로 가득 차 있으며, 나약한 사람의 마음은 자신에 대한 불신과 부정적 생각으로 가득 차 있다. 만약 당신이 사악한 사람이 아니라면 나약한 사람이 되어서도 안 된다. 만약 당신이 진정으로 나약한 사람이 되고 싶지 않다면 자신에 대한 신념과 기대, 타인에 대한 연민, 자신의 이상과 인내심 등과 같은 긍정적 가치를 높여야 한다.

잠시 눈을 감고 다음의 말을 음미해 보자.

"사람이 살아가면서 만나는 여러 가지 길 중에는 최선의 길이 있기 마련이다. 만약 당신이 걷고 있는 길이 자신과 타인에게 필요한 최선의 길이라고 생각되면, 당신은 그 길을 열심히 걷기만 하면 된다."

– 토머스 칼라일(Thomas Carlyle, 영국 역사가)

"최선의 사람이 되기 위해 최선을 다했다는 사실을 깨닫는 순간, 당신 마음에 평화가 찾아온다. 이런 마음의 평화가 곧 성공이다."

– 존 우든(John Wooden, 미국 농구 코치)

"진정한 성취의 근원은 최선의 사람이 되려는 당신의 의지이다."

– 해럴드 테일러(Harold Taylor, 캐나다 정치인)

"당신의 마음을 맑고 밝게 유지하라. 그 이유는 세상은 언제나 당신의 마음을 통해 보이기 때문이다."

– 조지 버나드 쇼(George Bernard Shaw, 아일랜드 극작가)

"지금 당장 당신이 해야 할 일은 최고의 당신이 되기 위해 최선을 다하는 것이다."

– 랠프 소크먼(Ralph Sockman, 미국 목사)

만약 당신이 삶의 성공을 꿈꾸고 있다면, "언제나 긍정적인 생각과 확신에 찬 태도를 유지하라. 그러면 당신의 삶은 성공과 만족으로 가득 차게 될 것이다"라는 에디 리켄배커(Eddie Rickenbacker, 미국 전투기 조종사)의 이 말을 온몸으로 받아들여야 한다. 성공적인 삶의 비결은 다른 사람의 도움이나 격려에 있는 것이 아니라 최선의 삶을 가꾸려는 자신의 의지에 있다. 이 정도면 되겠지 하는 생각이 들 때 10%의 노력을 더 기울인다면, 아마도 그 결과는 확연히 달라질 것이다.

당신은 지금까지 살아오면서 어떤 실수를 얼마나 많이 했는가? 고백하자면 나의 가장 큰 실수는 최선을 다해야 하는 순간에 최선을 다하지 못했다는 것이다.

올바른 삶을 가꾸기 위해 최선을 다해야 할 때는 바로 지금이다.

실패하는 것과 시도하지 않는 것 중에
어느 것이 더 나쁜가?

"실패는 지연일 뿐이지 결코 패배가 아니다.
달리 말하면 실패는 일시적인 우회로이지 막다른 길이 아니다."

- 윌리엄 워드(William Ward) -

때때로 나는 실패와 실수에 관한 한 최고의 권위자라고 느끼곤 한다. 나에겐 실패나 실수에 관한 경험이 아주 많다.

몇 년 전에 나는 한 번도 만나본 적이 없는 교회 목사의 설교 요청을 수락하였다. 나는 아침 일찍 비행기를 타기 위해 서둘러 짐을 꾸리고 공항으로 갔다.

나는 비행기가 이륙하고 나서 얼마 후에 내 가방 속의 짐들을 머릿속으로 점검하였다. 정장? 오케이, 셔츠? 오케이, 신발? 오케이…. 그런데 내가 메모지와 성경을 챙겼는지 갑자기 의문이 들어서 즉시 가방 안을 살펴보았다. 유감스럽게도 아무리 가방을 뒤져봐도 성경은 없었다.

나는 정말 당황스러웠다. 내가 있는 곳이 비행 중인 비행기 안이라서 이러지도 저러지도 못하였다. 더군다나 나는 비행기에서 내려 처음 만나는 교회 목사에게 "목사님, 성경책을 빌릴 수 있을까요?"라고 말하고 싶지 않았다. 내 머릿속은 나를 초청한 교회 목사에게 좋은 첫인상을 보여야 한다는 생각으로 가득 차 있었다.

나는 이 상황에서 뭔가를 해야만 했다. 문득 나는 공항에 도착하자마자 서점을 찾아 성경책을 사면 되겠다고 생각하였다. 물론 나는 여태까지 공항에 있는 서점에서 성경책을 판매하는 걸 본 적이 없어서 내 생각에 확신이 들진 않았다.

나는 비행기에서 내리자마자 눈에 띄는 첫 번째 서점으로 갔다. 나는 약간의 기대감을 품고 성경책을 살 수 있는지 물었지만 없다는 대답이 돌아왔다. 나는 서둘러 다른 서점으로 가서 또 성경책을 살 수 있는지 물었지만 역시 없다는 대답이 돌아왔다. 다행히도 직원은 나에게 공항 건너편에 있는 서점에 가면 성경책을 살 수 있다고 희망적인 말을 하였다.

이 와중에 문득 나는 공항의 수화물 보관소에 가서 내 가방을 찾아야 한다는 사실을 깨달았다. 하지만 나는 성경책을 사야겠다는 마음이 앞서서 공항 건너편에 있는 서점으로 달려갔다. 서점 안에 들어서자마자 나는 성경책을 사겠다고 하였다. 천만 다행하게도 성경책이 있으니 잠시 기다리라고 하였다. 얼마 후에 직원은 작고 하얀 표지의 선물용 성경책을 갖고 왔다. 솔직히 하얀 표지가 마음에 걸렸지만 나는 절박한 심정으로 이 성경책을 샀다.

나는 재빨리 서점을 나와서 공항의 수화물 보관소로 이어지는 에스컬레이터를 탔다. 에스컬레이터가 수화물 보관소에 다다랐을 때 나는 사방을 둘러보고 있는 한 남자를 보았다. 나는 한눈에 그가 나를 초청한 목사임을 알아차리고 곧장 그에게 다가가서 내 소개를 하였다. 그는 내 가방을 건네면서 아주 반갑게 나를 환영하였다.

나는 목사님이 운전하는 차를 타고 공항을 떠났다. 차를 탄 지 얼마 안 되어 그가 나에게 말하였다.

"숙소에 가기 전에 교회에 먼저 가보는 게 어떨까요? 새로 단장한 교회를 보여 주고 싶어요."

목사 제안에 나는 흔쾌히 동의하였다.

얼마 후에 우리는 교회에 도착하였다. 나는 목사를 따라서 교회 안으로 들어가다가 분실물 보관 상자를 발견하였다. 그 상자 안에 내가 바라던 성경책이 있을지도 모른다고 생각하자 내 가슴이 두근거리기 시작하였다. 나는 상자 옆으로 걸어가서 안을 들여다보았다. 성경책 한 권이 반짝반짝 빛나고 있었다. 나는 부드러운 손동작으로 그 성경책을 슬며시 꺼내었다.

주말 내내 나는 분실물 보관 상자에서 꺼낸 성경책으로 설교를 할 수 있었다. 혹시라도 그 성경책 주인이 나타날까 봐 조마조마했지만 그런 일은 없었다.

돌이켜보면, 분실물 보관 상자에 놓여 있던 한 권의 성경책이 나에게 얼마나 큰 행복감을 가져다주었는지 말로 표현할 수 없을 정도였다. 물론 나는 교회를 떠나기 전에 감사한 마음으로 성경책을 제자리에 두었다.

*

우리는 모두 살아가면서 실수를 하기 마련이다. 몇몇 실수는 우리에게 웃음을 주는가 하면, 또 다른 몇몇 실수는 평생에 걸쳐 우리에게 영향을 끼치기도 한다.

자신이 계획한 대로 완벽한 삶이 이루어지길 기대하는 것은 지속적인 좌절의 삶을 추구하는 것이나 다름없다. 설령 당신이 삶의 큰 실수를 저질렀다고 하더라도 그 실수로부터 많은 것을 배우고 실수를 거듭하지 않도록 노력하면 되는 것이다. 사실 실수하지 않는 완벽한 사람은 이 세상에 존재하지 않는다. "실수를 거듭하면서 보낸 삶은 아무것도 시도하지 않으면서 보낸 삶보다 훨씬 더 명예롭고 유용하다"라는 조지 버나드 쇼(George Bernard Shaw, 아일랜드 극작가)의 말처럼, 실수는 우리 삶에 긍정적이고 유용하다.

잠시 눈을 감고 다음의 말을 음미해 보자.

"특출난 사람과 보통 사람 간의 가장 중요한 차이점은 거절과 실패에 대처하는 능력이다."

– 톰 홉킨스(Tom Hopkins, 세계적인 판매왕)

"자기 스스로 '난 겨우 세 번 실패했을 뿐이야'라고 생각하는 사람과 '난 완전히 실패자야'라고 생각하는 사람 간에는 아주 중요한 차이가 있다."

– 하야카와(S. I. Hayakawa, 미국 언어학자)

"번영의 날에는 기뻐하고, 고난의 날에는 성찰하라."

–전도서 7장 14절

"당신이 쓰러질 때마다 오뚝이처럼 일어서라."

– 오즈월드 에이버리(Oswald Avery, 미국 유전학자)

"의로운 사람은 일곱 번 넘어지더라도 다시 일어설 것이다."

– 잠언 24장 16절

"어디서든 실패를 해본 적이 없는 사람은 결코 위대해질 수 없다."

― 허먼 멜빌(Herman Melville, 미국 작가)

"단 한 번의 실수도 하지 않고서 위대함을 이룩한 사람은 아무도 없다."

― 프레더릭 로버트슨(Frederick Robertson, 영국 성직자)

"사람들 대부분은 다른 사람의 실패보다는 성공을 더 오래 기억한다. 따라서 자신의 실패에 너무 연연할 필요가 없다."

― 토머스 에디슨(Thomas Edison, 미국 발명가)

"몇 가지 실수할 권리를 주장하라. 만약 사람들이 당신의 불완전함을 받아들이지 못한다면 그건 그들의 잘못이다."

― 데이비드 번즈 (David Burns, 미국 정신과 의사)

"새로운 시도를 거부하지도 말고, 실패를 두려워하지도 말라. 그리고 인생에서 가장 슬픈 말 세 가지(할 수 있었는데, 할 수 있었을지도 몰라, 했어야만 했는데)를 하지 말라."

― 루이스 분(Louis Boone, 미국 작가)

"잃어버린 것에 연연하지 말고, 가지고 있는 것에 집중하고 만족하라."

― 로버트 슐러(Robert Schuller, 미국 목사)

만약 당신이 실수나 실패로 인해 삶의 좌절감에 빠져 있다면, "실패는 지연일 뿐이지 결코 패배가 아니다. 달리 말하면 실패는 일시적인 우회로이지 막다른 길이 아니다"라는 윌리엄 워드(William Ward, 미국 언론인)의 말을 기억하라. "실수로 가득 찬 삶은 위험이 없는 평탄한 삶보다 훨씬 더 흥미롭고 생동감이 넘친다"라는 데이비드 맥널리(David McNally, 미국의 정치학 교수)의 말 역시도 실패를 두려워하지 말라는 의미를 담고 있다. 이들의 말이 암시하듯이, 삶에서 실수와 실패는 바람직한 변화를 위한 하나의 과정이지, 고정된 부정적 결과가 아니다. 하물며 실수와 실패는 삶의 최고의 스승이 될 수 있다.

만약 당신이 주변 사람들의 성공적인 삶을 둘러본다면, 이들의 삶에 실수와 실패가 있을지언정 변명과 포기는 한 치도 없다는 것을 알게 될 것이다. 당신이 꿈꾸던 삶을 이루고 싶다면, 실패하는 것을 부끄러워하지 말고 시도하지 않는 것을 부끄러워하라.

단 한 번의 실패도 없이 성공의 길을 걸을 순 없다.

질문 15

나는 실제로 무엇을 목표로 하고 있는가?

"당신이 원하는 것을 얻는 방법은 아주 간단하다.
당신이 바라는 것을 소중한 희망으로 삼고 그 희망을 향해 나아가기만 하면 된다.
지나온 과거에 집착하거나 희망과는 거리가 먼 것에 한눈파는 것은 절대 금물이다."

- 윌리엄 로크(William Locke, 영국 작가) -

예전에 나는 아내와 함께 플로리다주를 떠나 오클라호마주의 털사시로 이사할 계획에 대해 많은 이야기를 나눈 적이 있었다. 집의 크기와 형태, 집 안에 비치할 물건, 집 주소, 집 주변의 환경 등이 모두 우리의 관심사였다.

어느 날 우리가 교회 예배에 참석했을 때, 평소에 친분이 있던 한 여자 교인이 우리에게 이렇게 말하였다.

"나는 당신들에게 약간의 조언을 하고 싶어요. 아마도 신은 당신들이 무엇을 바라고 있는지 잘 알고 있을 거예요. 우선 당신들이 바라는 것을 구체적으로 조목조목 열거하고 나서 이와 관련된 많은 정보를 모으세요. 그리고 당신들이 바라는 것을 이루었다고 상상해 보세요. 분명히 신은 당신들의 상상을 현실로 만들어 줄 거예요."

우리는 그녀의 말이 우리가 찾고 있는 집에 관한 것임을 금세 알아차렸다. 나는 그녀의 말을 듣고 용기를 얻었으며, 아내 역시도 곧바로 그녀의 말을 구체적인 실천으로 옮겼다. 아내는 공책에 우리가 원했던 집의 모양과 크기, 방의 수, 벽난로의 위치, 마당의 모양, 마당에서 키울 식물 등을 자세히 기록하였다. 아내는 이사할 집에 관한 한 누구보다도 열정적이었다.

그러던 중 나는 일 때문에 털사시로 출장을 가게 되었다. 하지만 아내는 함께 갈 수 없었다. 나는 그곳에서 볼일을 보고 부동산 중개인이 소개해 준 몇몇 집을 둘러보았다. 유감스럽게도 내가 둘러본 집은 아내가 원하는 형태의 집이 아니었다.

나는 약간의 실망감을 느꼈지만 그곳에 사는 내 친구로부터 저녁 식사를 초대받고 기분이 좀 나아졌다. 나는 곧장 그의 집을 향해 운전하였다. 그런데 그의 집 근처에 다다랐을 때 조그만 주택가가 나를 붙잡는 것 같았다. 약간의 시간적 여유가 있어서 나는 그 주택가를 살펴보기로 마음먹었다.

그 주택가는 내가 상상할 수 없을 정도의 아름다운 집들로 가득 차 있었다. 특이한 점은 그 집들의 배열이 하나의 큰 원형을 이루고 있었다는 것이다. 나는 설레는 마음으로 주택가를 둘러보다가 '건축업자가 거주하고 있는 집 판매'라는 간판이 세워진 집을 발견하였다. 처음에 나는 이 집과 정원의 크기 때문에 약간 망설였으나 누군가가 나를 끌어당기는 듯한 느낌이 들어 대문 앞으로 다가갔다.

나는 초인종을 눌렀다. 한 남자가 인터폰을 통해 "존 메이슨, 여기 털사시에는 어쩐 일이에요? 나는 당신이 플로리다주로 이사한 줄 알고 있었어요"라고 응답하였다. 나는 건축업자(이 집 주인)가 내 지인이라는 사실에 깜짝 놀랐다. 나는 미소를 지으면서 "지금은 플로리다주에 살고 있으나 조만간 털사시로 이사 올 생각이에요. 그런데 당신이 내놓은 이 집에 관심이 생겼어요"라고 말하였다.

그는 나를 집으로 맞아들였다. 나는 그의 집을 둘러보기 전에 "내 아내는 지금 플로리다주에 있어요. 그녀가 이 집을 살펴볼 수 있도록 영상 촬영을 해주세요"라고 말하였다. 그는 흔쾌히 내 요구를 들어주었다.

그의 집은 세련되고 아름다웠다. 나는 그의 집을 두루두루 살펴보면서 '이 집은 내 아내가 좋아할 만한 것들을 골고루 갖추고 있어서 정말 마음에 들어. 어서 빨리 이 집을 사야겠어'라고 생각하였다.

나는 집을 다 둘러보고 나서 그에게 "내가 이 집을 살 수 있을지는 모르겠지만 정말 마음에 드는 집이에요"라고 말하였다. 그는 나의 금전적 부담을 덜어주기 위해 특별 대출에 관한 정보를 알려주었다. 그 정보는 내가 이 집을 살 수 있겠다는 확신을 불러일으켰다.

나는 그의 집을 나와서 곧장 초대받은 내 친구의 집으로 갔다. 나는 친구와 함께 저녁을 먹으면서 조금 전에 둘러본 집에 관해 이야기를 꺼내었다. 친구는 놀라며 말하였다. "우연치곤 정말 놀랍다. 네가 그 집을 발견하다니 말이야. 나는 그 집이 지어지는 과정을 여러 차례 보았어. 공사 중인 그 집을 볼 때마다 나도 모르게 무사히 완공되길 기도했어. 심지어 나는 그 집이 신성한 장소가 될 것이라고 느꼈어."

친구의 말을 듣고 나니 내 마음은 더욱 설레었다.

며칠 후에 나는 플로리다주로 돌아왔다. 집에 도착하자마자 나는 아내에게 털사시에서 둘러본 그 집을 영상으로 보여주었다. 그녀는 기쁨의 미소를 지으면서 말했다. "그 집은 내가 바라던 집과 너무 닮았어. 이런 집을 보게 되어 신과 당신에게 고마울 뿐이야. 신이 우리를 위해 그 집을 마련해 놓은 게 틀림없어." 한 치의 망설임도 없이 우리는 그 집을 사기로 마음먹었다. 현재 우리는 그 집에서 행복하게 산 지 20년이 되었다.

*

신은 당신을 위해 좋은 무언가를 마련해 놓고 있다. 당신이 해야 할 일은 신의 선한 의지를 굳게 믿고 신이 마련해 놓은 것을 찾으려고 끈기 있게 노력하는 것이다. 그리고 당신은 신이 당신에게 무엇을 바라는지를 항상 염두에 두어야 한다.

잠시 눈을 감고 다음의 말을 음미해 보자.

"너희는 두 주인을 섬길 수는 없느니라. 그 이유는 너희가 한 주인을 미워하고 다른 주인을 좋아하거나 한 주인을 받들고 다른 주인을 경멸할 수도 있기 때문이느니라."

— 마태복음 6장 24절

"홈으로 들어간 한 명의 주자가 세 명의 잔루 주자보다 훨씬 더 낫다."

— 제임스 리터(James Liter, 미국 작가)

"행복한 삶에 필요한 조건을 많이 가지려고 애쓰는 사람일수록 자신이 행복한지 아닌지에 대한 고민으로 고통받기 쉽다."

— 조지 버나드 쇼(George Bernard Shaw, 아일랜드 극작가)

"만화 영화 산업에서 내가 성공적일 수 있었던 이유는 누구보다 미키 마우스를 더 사랑했기 때문이다."

— 월트 디즈니(Walt Disney, 미국 기업인)

"결정적인 순간에 패자는 여러 가지 실수를 하지만 챔피언은 결정타를 날린다."

– 빅 브래든(Vic Braden, 미국 테니스 선수)

"우승을 위해 내가 해야만 했던 일은 계속 왼쪽으로 도는 것뿐이었다."

– 조지 롭슨(George Robson, 캐나다 자동차 경주 선수)

만약 당신이 삶의 길을 잃고 갈팡질팡하거나 아무런 성과 없이 서두르기만 하는 상황에 놓여 있다면, "당신이 원하는 것을 얻는 방법은 아주 간단하다. 당신이 바라는 것을 소중한 희망으로 삼고 그 희망을 향해 나아가기만 하면 된다. 지나온 과거에 집착하거나 희망과는 거리가 먼 것에 한눈파는 것은 절대 금물이다"라는 윌리엄 로크(William Locke, 영국 작가)의 말과 "우리는 관심을 가진 모든 것에 대해 알 수는 없다. 그러기엔 우리에게 시간이 부족하다. 그리고 우리는 별로 중요하지 않은 일과 다른 사람의 관심사에 지나치게 신경을 쓰거나 얽매일 필요는 없다. 우리에게 최선인 것에 집중하면 된다."라는 알렉 워(Alec Waugh, 영국 작가)의 말을 떠올려 보기 바란다.

이들의 말에서 알 수 있듯이, 적은 노력으로 더 많은 것을 성취하기 위해서는 하나의 일에 집중하고 그다지 중요하지 않은 일에 연연하지 않으면 된다. 혹시라도 당신이 여러 가지 일을 벌여 놓고 마음만 복잡하다면, 지금이라도 그 일의 절반을 줄이고 중요한 몇몇 일에만 집중해 보라. 그리고 마음속에 어떤 중요한 목표를 품고 있느냐에 따라 당신 삶의 방향이 결정된다는 것을 명심하라.

만약 당신이 한 바구니 안에 많은 달걀을 온전하게 담고 싶다면, 달걀을 한꺼번에 담으려고 하지 말고 달걀 하나하나 살피면서 하나씩 담아야 한다. 이처럼 당신이 이루고 싶은 일이 크고 많더라도 작은 일부터 차근차근 하나씩 해내야 한다. 작은 성취가 모이면 어느 순간에 큰 성취가 되는 법이다.

팀 레드먼드(Tim Redmond, 미국 언론인)는 "나에게 최선인 한 가지 일에 집중하라"라고 했고, 칼 샌드버그(Carl Sandberg, 미국 작가)는 "한 번에 모든 것을 얻으려는 사람들이 있다. 아마도 이들은 아무것도 얻지 못할 것이다"라고 했다. 이들의 말이 의미하는 바를 명심하라.

두 마리 토끼를 쫓으면 두 마리 다 놓칠 것이다.

질문 16

나는 아직도 두려움의 목소리에 귀를 기울이는가?

"걱정은 마음속에서 흐르는 가느다란 두려움의 물줄기이다.
이 물줄기를 막을 수 있는 것은 오직 격려뿐이다."

- 아서 로슈(Arthur Roche, 영국 추기경) -

나는 대학교 시절에 축구를 하다가 연골이 손상되어 여섯 차례나 무릎 수술을 받아야 했다. 유감스럽게도 수술을 받고 나서 시간이 지남에 따라 무릎을 교체해야 할 정도로 연골 상태가 나빠졌다. 담당 의사들은 나에게 좋은 결과를 장담할 순 없겠지만 무릎 교체 수술이 필요하다고 말하였다. 나는 약간의 망설임 끝에 무릎 교체 수술을 받기로 마음먹었다.

무릎 교체 수술을 받고 나서 처음 며칠간은 아무런 통증도 없이 개운하였다. 하지만 얼마 지나지 않아 내 무릎과 다리에서 엄청난 통증이 시작되었다. 통증이 점점 심해지자 침대 시트 위에 다리를 얹어 놓을 수조차 없었다. 나는 여러 차례 담당 의사의 검진을 받았으며, '복합부위 통증 증후군(Complex Regional Pain Syndrome)'이라는 희귀한 병에 걸렸음을 알게 되었다. 담당 의사는 무릎 교체 수술을 받은 사람 중에 극소수의 사람만이 이 병에 걸린다고 하였다.

내 무릎과 다리의 엄청난 통증은 거의 두 달 동안 계속되었다. 나는 통증을 줄이기 위해 강력한 진통제에 의존해 보았지만 내 마음만 혼란스러웠고 별다른 도움을 얻지 못하였다. 나는 우울함과 두려움에 빠지게 되었고, 온전하게 걷지 못할 수도 있다는 비관적 생각을 하기도 하였다.

하지만 신은 언제나 그렇듯이 나에게 미소를 보였다. 나는 뛰어난 통증 전문의를 소개받았고, 그 전문의는 독특한 치료법으로 내 무릎과 다리의 통증을 치료하였다. 그 전문의 덕분에 지금 나는 걸을 수 있게 되었다. 내가 숨을 쉬면서 두 발로 걸을 수 있다는 그 자체가 감사할 뿐이다. 젊은 날의 이런 경험을 통해 확실히 깨달은 것은 두려움과 걱정이 결코 내 문제를 해결해 주지는 않는다는 것이다.

*

어떤 문제가 실제로 당신을 괴롭히기 전까지는 마음속에 그 문제를 담아 두지 말라. 즉 당신의 마음만이 두려움과 걱정을 만들어 낼 뿐이다.

잠시 눈을 감고 다음의 말을 음미해 보자.

"당신의 배 속에 나비가 있더라도 그 나비가 자연스럽게 날도록 놔두면 아무런 문제도 생기지 않는다."

– 롭 길버트(Dr. Rob Gilbert, 미국의 의사 겸 작가)

"항상 당신의 상상을 경계하라. 당신의 상상은 틈만 나면 당신을 해치는 마음의 사자로 돌변할 것이다. 당신의 상상이 지어낸 부정적 이야기를 무시하지 않는다면 당신은 많은 고통을 겪게 될 것이다."

– 조지 포터(George Porter, 영국 화학자)

"우리의 삶에서 걱정만큼 더 불필요한 것은 없다."

– 벤자민 디즈레일리(Benjamin Disraeli, 영국 정치가 겸 작가)

"너희 중에 누가 걱정으로 자기 키를 한 자 늘일 수 있단 말이냐?"

– 마태복음 6장 27절

"보이는 사물은 시간의 제약을 받지만 보이지 않는 마음의 상태는 시간의 제약을 받지 않는다."

– 헬렌 켈러(Helen Keller, 미국 교육자)

"두려움은 일이 잘 풀리지 않을 것이라는 믿음이다."

– 메리 트리키(Mary Tricky, 미국 가톨릭 수녀)

"신은 우리가 고난에 처했을 때 피난처이자 힘과 도움이 되어 주시기에 우리는 두려워할 이유가 없느니라."

– 시편 46장 1~2절

"노동의 일주일보다는 걱정의 하루가 사람을 더 피곤하게 한다."

- 존 러벅(John Lubbock, 영국 인류학자)

"의심과 두려움은 좋은 것을 얻으려는 우리의 노력을 가로막는다."

- 셰익스피어(Shakespeare, 영국 극작가)

"개울가에 이르기도 전에 미리 바짓가랑이를 걷어 올리지 말라."

- 에마뉴엘 셀러(Emanuel Celler, 미국 정치인)

만약 당신이 걱정과 두려움을 경험하기도 전에 걱정과 두려움에 사로잡히는 경우가 많다면, "걱정은 마음속에서 흐르는 가느다란 두려움의 물줄기이다. 이 물줄기를 막을 수 있는 것은 오직 격려뿐이다."라는 아서 로슈(Arthur Roche, 영국 추기경)의 말과 "당신이 어떤 일로 걱정하고 있을 때 타인에게 당신은 일에 대한 애착이 강한 사람으로 비칠 수도 있다. 하지만 정작 걱정은 내일의 문제에 도움이 되지 않을 뿐만 아니라 오늘의 행복마저 빼앗아간다"라는 루시 몽고메리(Lucy Montgomery, 영국 작가)의 말에 귀를 기울여 보기 바란다.

이들의 말처럼, 당신이 미래에 대해 걱정하는 순간 오늘과 미래의 즐거움은 사라지게 된다. 그리고 걱정과 두려움은 적절한 통제를 받지 않는 한 눈덩이처럼 계속 불어나며, 성공적인 삶을 향한 당신의 길을 가로막을 것이다. 다행히도 신은 항상 당신 곁에 있기에 두려워할 이유가 없다. 당신이 신의 도움을 요청한다면 신은 결코 당신의 고난을 외면하지 않을 것이다. 지금 당신이 선택해야 할 최선은 두려움을 무릅쓰고 앞으로 나아가는 것이다. 당신이 타석에 들어서는 것을 두려워한다면 당신은 결코 홈런을 치지 못할 것이다.

마르쿠스 아우렐리우스(Marcus Aurelius, 로마 제국의 황제)는 이렇게 말하였다.

"만약 당신이 외적인 것으로 인해 고통을 받고 있다면, 사실 그 고통의 근원은 외적인 것 때문이 아니라 외적인 것에 대한 당신의 부정적인 마음 때문이다. 다행스러운 것은 부정적인 마음은 언제든지 긍정적인 마음으로 바뀔 수 있다는 것이다."

이 말에 비추어 보면, 당신의 내면에는 두려움의 목소리와 신념의 목소리가 공존하고 있을 것이다. 비유컨대 두려움의 목소리는 부정의 속삭임이고, 신념의 목소리는 긍정의 속삭임이다. 당연히 당신은 긍정의 속삭임에 귀를 기울여야 한다.

만약 당신이 현명한 사람이라면 당신은 미래를 걱정하는 대신에 미래를 준비할 것이다. 부디 당신의 두려움이 꿈을 향한 당신의 열정을 식게 하도록 내버려두지 말라.

걱정은 결코 아무것도 해결하지 못한다.

오늘 나는 누구를 용서할 것인가?

"용감한 자만이 용서하는 법을 알며, 겁쟁이는 결코 용서할 줄 모른다.
그리고 용서는 실천 의지의 문제이지, 타고난 본성의 문제가 아니다."

- 로렌스 스턴(Lawrence Sterne) -

당신에게 해를 끼친 누군가를 대범한 마음으로 용서하라. 그리고 잘못을 저지른 사람이 당신에게 사과할 때 그 사과를 기꺼이 받아들이고, 다른 사람을 미워하기 전에 당신에게 베풀어진 신의 용서를 기억하라.

아마도 세계 역사상 가장 용감하고 주목할 만한 여성 중 한 명으로 코리 텐 붐(Corrie Ten Boom)을 꼽을 수 있을 것이다. 그녀는 제2차 세계대전 당시에 위험을 무릅쓰고 여러 명의 유대인을 자신의 집에 숨겨 주었다. 하지만 정보원에 의해 그녀와 그녀의 가족은 체포되었고, 1944년에 그녀의 아버지와 언니는 라벤스브뤼크 강제 수용소에서 사망하였다. 다행히도 코리는 교도관의 사무적인 착오로 인해 극적으로 강제 수용소를 떠날 수 있었다. 그 이후에 그녀는 복음을 전하는 일에 전념하였다.

어느 날 코리가 교회에서 신의 용서에 대한 설교를 마쳤을 때, 한 남자가 그녀를 찾아왔다. 사실 그 남자는 전쟁 당시 라벤스브뤼크 강제 수용소의 교도관이었으며, 그녀를 알아보지 못하였다. 그는 코리에게 자신의 잔혹 행위에 대한 용서 기도를 요청하였다. 그녀는 숨이 막히고 가슴이 떨렸지만 냉정함을 유지한 채 기도를 하였다. 기도를 마치고 나서 그녀는 진정으로 그를 용서할 힘이 생겼음을 깨달았다. 그 순간 그녀의 마음은 참된 평온함으로 가득 차게 되었다.

*

　그 누구도 과거로 되돌아가서 새로운 시작을 할 수는 없으나 오늘부터 시작해서 완전히 새로운 결과를 만들 수는 있다. 이것을 가능하게 하는 것이 바로 용서이다.

　용서는 내면의 평화와 자유를 가져다주는 열쇠이다. 이를테면 당신을 포함한 우리는 잘못을 저지른 누군가를 용서함으로써 우리 자신의 마음과 행동을 자유롭게 할 수 있다는 것이다. "용감한 자만이 용서하는 법을 알며, 겁쟁이는 결코 용서할 줄 모른다. 그리고 용서는 실천 의지의 문제이지, 타고난 본성의 문제가 아니다." 로렌스 스턴(Lawrence Sterne, 영국 작가)의 이 말은 용서에 대한 깨달음을 준다.

　길고도 유익한 삶의 비결 중 하나는 매일 밤 잠자리에 들기 전에 모든 사람과 모든 것을 용서하는 것이다. 당신의 어깨 위에 무거운 짐이 놓여 있을 때 몸의 균

형이 깨지기 쉬운 것처럼, 당신이 누군가에 대한 원한을 품고 있을 때 내면의 평화는 깨지기 쉽다.

용서는 유쾌하고 따뜻한 마음을 가져다주며 미움의 열기를 식혀 준다. 조시아 베일리(Josiah Bailey, 미국 정치인)는 이렇게 말하였다. "용서에 관한 하나의 진실은 용서를 많이 행한 사람이 용서를 많이 받는다는 것이다." 이 말에 비추어 보면, 누군가의 잘못을 기억하고 누군가를 미워하기보다는 누군가의 잘못을 잊어버리고 누군가를 용서하는 것이 훨씬 더 낫다.

잠시 눈을 감고 다음의 말을 음미해 보자.

"완전히 선한 사람도 악한 사람도 없다."

– 해리 포스딕(Harry Fosdick, 미국 목사 겸 신학자)

"용서만큼 완벽한 복수는 없다."

– 조시 빌링스(Josh Billings, 미국의 유머 작가)

"너희는 억울함, 분노, 증오, 소란, 악담, 악의 등과 같은 모든 부정적인 것을 멀리하고, 너희를 대신하여 희생한 그리스도처럼 서로에게 친절하고 서로를 용서하라."

– 에베소서 4장 31절~32절

만약 당신이 어두운 과거를 잊고 밝은 미래를 맞이하고 싶다면, "벌하는 것은 인간다운 행위이고, 용서하는 것은 신다운 행위"라는 피터 윈터(Peter Winter, 독일 음악가)의 말과 "용서는 과거를 바꾸진 못하나 미래를 확장할 수는 있다"라는 폴 보스(Paul Boese, 미국의 작가)의 말에 귀 기울일 필요가 있다. 이들의 말처럼, 용서하는 것은 축복을 불러들이는 행위이지만 용서하지 못하고 원한을 품는 것은 축복을 밀어내는 행위이다.

만약 당신이 누군가를 용서하지 못한다면, 당신의 정당성과 내적 평화는 절반으로 줄어들게 될 것이다. 지금이라도 늦지 않았으니 당신을 가장 힘들게 했던 한 사람을 진심으로 포용하고 용서해 보라. 당신의 깊은 내면에서 기적이 일어날 것이다.

원한만큼 무거운 짐은 없다.

남에게 베푸는 것이
곧 자기 자신에게 베푸는 것임을 알고 있는가?

"행복한 삶의 방식은 아주 간단하다.
즉 가능한 한 많은 것을 생산하고 비축하라. 그리고 최대한 많은 것을 베풀라."

- 존 웨슬리(John Wesley) -

누군가를 판단하는 좋은 방법은 그 사람이 어떤 말을 하는지 살펴보는 것이다. 누군가를 판단하는 더 좋은 방법은 그 사람이 어떤 행동을 하는지 살펴보는 것이다. 누군가를 판단하는 가장 좋은 방법은 그 사람이 무엇을 베푸는지 살펴보는 것이다.

엘리자베스 비베스코(Elizabeth Bibesco, 영국의 작가)는 이렇게 말하였다. "축복받은 사람이란 자신이 베푼 것을 기억하지 않고 자신이 받은 것을 잊지 않는 사람이다." 그녀의 말에 비추어 보면, 당신을 포함한 우리의 삶에서 중요한 것은 얼마나 소유하고 있는지가 아니라 얼마나 베풀고 있는지임을 알 수 있다.

『좀 더 관대한 삶을 향한 40일간의 영적 여행(40-Day Spiritual Journey to a More Generous Life)』이라는 브라이언 클루스(Brian Kluth)의 책이 베스트셀러가 되었을 때, 그는 NBC 방송국으로부터 인터뷰 요청을 받았다.

방송국 기자: 신은 모든 사람이 부유해지길 바란다고 생각하나요?

브라이언: 아니에요. 그렇게 생각하지 않아요.

방송국 기자: 그럼, 당신이 생각하는 바는 뭔가요?

브라이언: 신이 우리에게 수많은 것을 베푼 것처럼 모든 사람은 서로에게
좀 더 많은 것을 베풀고 관대해져야 한다고 생각해요.

방송국 기자: 그렇군요. 그럼, 당신의 책은 당신에게 어떤 의미가 있나요?

브라이언: 이 책은 누구보다도 나 자신을 좀 더 관대하게 만들어 주었어요.

＊

지금 당신이 차지하고 있는 지위나 역할을 선망하는 사람들이 무수히 많다는 것을 생각해 보라. 당신이 얼마나 많은 축복을 받고 있는지를 깨닫게 된다면, 당신은 축복받은 만큼 다른 사람들에게 베풀어야 한다.

잠시 눈을 감고 다음의 말을 음미해 보자.

"마음속에서 다른 사람들에 대한 동정심을 느껴 보라."

– 찰스 스펄전(Charles Spurgeon, 영국 목사)

"구름이 비를 내리기 위해 물방울을 모으듯이, 선한 사람은 베풀기 위해 받는다."

– 인도 속담

"신이 당신에게 베푼 모든 것은 오직 당신만을 위한 것이 아니다. 신은 당신이 받은 만큼 다른 사람들에게 베풀길 바란다."

– 브라운(R. Browne, 미국 목사)

"베푸는 것이 받는 것보다 훨씬 더 큰 축복을 가져오느니라."

– 사도행전 20장 35절

"당신이 베푸는 것을 멈추는 순간 당신의 생명력은 쇠퇴해지기 시작한다."

– 엘리너 루스벨트(Eleanor Roosevelt, 미국 제32대 대통령의 부인)

"탐욕스러운 사람은 가난한 사람이나 다름없다."

– 스위스의 속담

"베풀 수 있다는 것은 당신이 탐욕을 극복했다는 증거이다."

– 마이크 머독(Mike Murdock, 미국 목사)

"만약 당신이 가난한 자에게 돈을 베풀 수 있다면, 그 돈과 함께 당신의 좋은 마음도 베풀라."

– 헨리 데이비드 소로(Henry David Thoreau, 미국 작가)

만약 당신이 행복한 삶의 열쇠를 찾고 있다면, "행복한 삶의 방식은 아주 간단하다. 즉 가능한 한 많은 것을 생산하고 비축하라. 그리고 최대한 많은 것을 베풀라"라는 존 웨슬리(John Wesley, 영국 신학자)의 말을 기억해야 한다. "행복의 열쇠는 소유하거나 받는 데에 있는 것이 아니라 베푸는 데에 있다"라는 헨리 드러먼드(Henry Drummond, 영국 목사)의 말 역시도 잊어서는 안 된다. 이들의 말처럼, 행복한 삶의 열쇠는 베푸는 것이다. 베푸는 것은 사랑의 온도계와 같은 역할을 하며 타인의 고통에 대한 공감이기도 하다.

보드만(G. D. Boardman, 미국 신학자)은 말하였다. "농부가 좋은 씨를 뿌리면 뿌릴수록 수확량이 늘어나듯, 당신이 베풀면 베풀수록 많은 것을 돌려받게 된다." 이 말에 비추어 보면, 당신 자신을 위해 사는 가장 좋은 방법은 다른 사람들에게 베풀면서 사는 것이다. 그 이유는 당신이 다른 사람들에게 베푼다는 것은 곧 당신 자신에게 베푸는 것이나 다름없기 때문이다.

몇몇 사람들은 '베푸는 자가 받는 자보다 더 많은 행복을 발견한다'라는 신념을 갖고 베푸는 삶을 이루기 위해 무슨 일이든 서슴지 않는다. 그렇다고 해서 베푸는 것이 거창한 일은 절대 아니다. 당신이 부유하든 가난하든 간에 당신의 형편에 맞게 베풀면 된다. 요컨대 탐욕은 많은 것을 가져다줄 것 같지만 오히려 많은 것을 잃게 한다.

베푸는 것이 곧 삶의 힘이다.

나는 여전히 유쾌한가?

"세상은 거울과도 같다.

당신이 세상을 향해 눈살을 찌푸리면 세상도 당신을 향해 눈살을 찌푸린다.

반면에 당신이 세상을 향해 미소를 지으면 세상도 당신을 향해 미소를 짓는다."

- 허버트 사무엘(Herbert Samuel) -

나는 지금까지 회의, 집회, 교회 예배 등과 같은 공적인 자리에서 수많은 연설을 하였고, 이 일을 천직이라고 여겼다.

나는 항상 연설을 시작할 때 익살스러운 이야기를 먼저 꺼낸다. 그 이유는 익살스러운 이야기가 나와 청중들의 긴장을 풀어주고 유쾌한 웃음을 유발하기 때문이다.

웃음은 사람의 면역 체계를 강화할 뿐만 아니라 엔도르핀을 분비함으로써 스트레스를 완화하기도 한다. 그리고 웃음은 모든 사람이 누릴 수 있는 축복이다.

다음은 즐거운 이야기 한 편이다.

오래전에 한 소년이 학교에 가다가 낡은 잡화점에 몰래 들어갔다.

그는 꿀통을 발견하고 손가락으로 꿀을 듬뿍 찍어 먹었다. 그는 잡화점 주인에게 들키지 않도록 도둑고양이처럼 살금살금 그곳을 빠져나왔다.

잡화점 주인은 이 사실을 알고 나서 그 소년을 잡아 혼쭐을 내주기로 마음먹었다. 어느 날 주인은 소년이 또다시 잡화점으로 몰래 들어오는 것을 발견하고 출입문 뒤쪽에 숨었다. 소년은 서슴없이 꿀통을 찾아내어 손가락으로 꿀을 듬뿍 찍어 먹으려고 하였다. 이때 주인이 달려들어 소년의 머리를 꿀통 속으로 밀어 넣었다. 소년은 발버둥을 치면서 이렇게 말하였다.

"신이시여, 저에게 이렇게도 좋은 기회와 맞먹는 긴 혀를 주세요."

아마도 이 이야기를 읽은 당신은 즐거운 웃음을 지었을 것이다. 그렇지 않은가? 이 책을 쓰고 있는 나는 이렇게 말하고 싶다. "신이시여, 저에게 이렇게도 좋은 기회와 맞먹는 긴 펜을 주세요."

*

아무런 비용도 들이지 않고 얻을 수 있는 삶의 보약은 웃음이다. "유쾌한 마음은 약처럼 너희를 이롭게 하느니라(잠언 17장 22절)"라는 성경 말씀처럼 웃음은 모든 사람의 몸과 마음의 건강을 개선할 수 있다.

당신에게 좋은 소식이 있다. 웃는 것만으로도 당신 자신의 외모를 예쁘게 가꿀 수 있다는 것이다. 그리고 웃음은 당신에게 주어진 상황을 좀 더 긍정적으로 바라보게 하는 긍정의 렌즈와도 같다. 특히 웃음이라는 긍정의 렌즈는 타인들에게도 좋은 영향을 끼친다. 아마도 당신이 사는 세상은 당신의 웃음을 통해 더욱더 밝게 빛날 것이다.

웃는다는 것은 아기의 기저귀를 갈아주는 것이나 다름없다. 즉 웃음은 주어진 불쾌한 상황을 유쾌한 상황으로 바꾸거나 그 상황을 유쾌한 마음으로 수용할 수 있게 한다. 우스갯소리와도 같으나 약국의 약사가 가장 싫어하는 게 웃음이다. 그 이유는 처방전도 필요 없고 돈도 들지 않는 약이 바로 웃음이기 때문이다. 그러면 당신에게 주어진 최악의 날은 언제일까? 그것은 바로 당신이 웃지 않은 날이다.

잠시 눈을 감고 다음의 말을 음미해 보자.

"유머 감각이 없는 사람은 완충 장치 없는 마차처럼 아주 사소한 일에도 평정심을 잃는다."

– 헨리 워드 비쳐(Henry Ward Beecher, 미국 목사)

"사람의 외모 중에서 가장 중요한 것은 얼굴의 표정이다."

– 재닛 레인(Janet Lane, 미국 의학자)

"당신이 입을 삐죽일 때마다 당신의 행복은 줄어든다."

– 톰 월시(Tom Walsh, 미국 의학자)

"잘못된 식습관이 질병을 유발하듯 잘못된 생각이 불행을 초래한다."

- 톰 월시(Tom Walsh, 미국 의학자)

만약 당신이 다른 사람들로부터 사랑받으면서 유쾌하게 살고 싶다면, "세상은 거울과도 같다. 당신이 세상을 향해 눈살을 찌푸리면 세상도 당신을 향해 눈살을 찌푸린다. 반면에 당신이 세상을 향해 미소를 지으면 세상도 당신을 향해 미소를 짓는다"라는 허버트 사무엘(Herbert Samuel, 영국 정치인)의 말을 잊지 말자. "유머 감각이 있는 사람은 불편한 상황을 편안한 마음으로 수용할 수 있고, 예상치 못한 일에 대처하면서도 미소를 잃지 않는다"라는 모세 월독스(Moshe Waldoks, 미국 유머 작가)의 말 역시도 새겨두자. 웃음은 이처럼 유쾌하고 긍정적인 삶의 비결인 동시에 삶의 질을 높이는 삶의 보약이다.

불평하는 사람은 매일 새로운 친구를 사귀는 번거로움을 감수해야 한다. 반면에 유쾌한 사람은 매일 주변 사람들의 긍정적인 감정과 따뜻한 시선을 맞이할 준비를 해야 한다. 그러면 당신은 무엇을 해야 할까? 당신이 아프든 아프지 않든 간에 유쾌한 웃음을 지어야 한다.

웃는 자는 유쾌한 삶을 지속시킬 수 있다.

- 로버트 풀검(Robert Fulghum, 미국 작가) -

질문 20

나는 자신만의 고유한 삶을 가꾸고 있는가?

"다른 사람들이 정한 성공의 기준과 정의를 자신의 것인 양 받아들이지 말라."

- 재클린 브리스킨(Jacqueline Briskin) -

당신의 눈에 보이는 것이 항상 그것의 본모습인 것은 아니다. 즉 보이는 것과 그것의 본모습은 다를 수 있다. 이를테면 당신의 눈에 비친 어떤 사람의 삶이 그 사람의 실제 삶이 아닐 수도 있다는 것이다. 따라서 당신의 눈에 비친 타인의 삶과 당신의 삶을 단순히 비교해서 당신 자신의 삶을 평가하거나 판단할 수는 없다. 그리고 당신에게 가장 소중하고 의미 있는 것은 타인의 삶이 아니라 당신 자신의 삶이다.

몇 년 전에 나는 10년 넘게 알고 지낸 친구를 만나서 의미 있는 이야기를 나눈 적이 있었다.

친구: 나는 신이 너의 삶에서 행하신 수많은 것을 보아 왔고, 그것은 너의 삶을 한층 돋보이게 했어. 하지만 나의 삶은 그렇지 않았어. 신이 너의 삶에서 행하신 것과 나의 삶에서 행하신 것은 완전히 다르다고 느꼈어. 그 이유는 지금 너의 삶은 빛나 보이지만 나의 삶은 초라해 보이기 때문이야.

나: 아니, 절대 그렇지 않아. 너의 삶에 비해 나의 삶이 빛나 보이는 것은 너의 잘못된 생각에서 비롯된 것일 뿐이야. 그건 결코 실제가 아니야. 그 누구도 나의 삶과 너의 삶을 비교해서 우열을 가릴 수는 없어.

친구: 그런가?

나: 신이 너의 삶에서 행하시는 것과 나의 삶에서 행하시는 것은 아무런 관련이 없어. 너의 삶은 너의 것이라서 소중하고, 나의 삶은 나의 것이라서 소중한 거야. 너의 삶과 나의 삶은 절대 비교될 수가 없어.

*

만약 당신이 지나칠 정도로 타인의 생각에 휘둘리거나 의존하고 있다면, 또는 당신이 타인을 평가하고 판단하는 데 시간을 낭비하고 있다면, 감히 나는 당신에게 그런 행위를 멈추라고 말하고 싶다. 그 이유는 타인의 생각에 휘둘리거나 타인을 평가하고 판단하는 데 시간을 낭비하는 것은 항상 자신의 진보를 가로막고 퇴보를 초래하기 때문이다.

몇몇 사람들은 타인이 성취한 것을 기준으로 해서 자신의 성취를 평가하는 경향이 있다. 하지만 사실 이것은 모순이다. 즉 자신의 성취와 타인의 성취는 양적으로든 질적으로든 완전히 별개의 것이기 때문에 서로 비교의 대상이 될 수 없다. 따라서 "다른 사람들이 내가 바라는 것을 결정하도록 내버려 두지 말라. 결정의 주체는 남이 아니라 나 자신이다"라는 팻 라일리(Pat Riley, 미국 농구

감독)의 말과 "다른 사람들이 정한 성공의 기준과 정의를 자신의 것인 양 받아들이지 말라"라는 재클린 브리스킨(Jacqueline Briskin, 미국 작가)의 말이 암시하듯이, 다른 사람의 신념이나 결정에 당신 자신의 운명을 맡길 수는 없다. 당신만의 고유한 성취 기준을 세워야 한다.

만약 당신이 다른 사람의 결점을 들추어냄으로써 자신의 결점을 숨기거나 없앨 수 있다고 생각한다면, 당신의 생각은 전적으로 옳지 않다. 다른 사람의 실수나 잘못이 드러난다고 해서 당신의 삶이 더욱더 빛나는 것은 아니다. 가장 중요한 것은 당신의 삶이 빛나도록 스스로 노력하는 것이다.

만약 당신이 평범한 사람들보다 더 나은 삶을 누리고 있다고 생각한다면, 당신은 역시나 평범한 사람에 속할 뿐이다. 실제로 더 나은 삶을 누리고 있는 사람은 절대로 자신과 다른 사람을 비교하지 않는다. 부디 자신만의 고유한 삶을 가꾸어가길 바란다.

타인의 삶을 기준으로 해서 자신의 삶을 평가하지 말라.

40 Questions

인생을 바꾸는
40가지 질문

제 3 장

무엇이 나의 열정을 불러일으키는가?

"열정은 무슨 일이든 실행할 수 있다는 믿음 그 자체이다."

- 헨리 체스터(Henry Chester) -

아내와 나는 우리의 첫 데이트를 지금도 생생하게 기억하고 있다. 그날 우리는 대학생들에게 아주 인기 있는 피자집으로 갔다. 우리는 수년 동안 서로를 알고 지낸 사이처럼 스스럼없이 이야기를 나누면서 유쾌한 시간을 보내었다. 첫 데이트였지만 우리는 서로가 흥미와 열정을 느꼈다.

우리는 피자집에서 즐겁게 시간을 보내다 보니 대학 기숙사 통금 시각(여학생에게 적용됨)을 놓치게 되었다. 그녀는 벌칙으로 일주일 동안 야간 외출 금지령을 받았다.

신기하게도 그녀는 벌칙을 받은 학생이 아닌 것처럼 나에게 이렇게 말하였다.

"난 괜찮아. 너를 향한 나의 흥미와 열정에 비하면 이 벌칙은 아무것도 아니야. 서로에 대한 흥미와 열정이 우리의 미래를 어느 쪽으로 이끌지 궁금할 따름이야. 아마도 너와 나 사이에 생긴 흥미와 열정은 우리 관계를 더욱더 발전시킬 거야."

만약 당신이 성공적이고 만족스러운 삶을 살고 싶다면, 당신은 하고 싶은 일이나 해야 할 일에 흥미와 열정을 느껴야 한다. 그리고 주어진 모든 일에 대한 당신의 흥미와 열정이 그 일을 가능하게 한다.

잠시 눈을 감고 다음의 말을 음미해 보자.

"낙관주의는 무엇이든 이룰 수 있다는 믿음이고 열정이다. 그 어떤 훌륭한 일도 믿음과 열정 없인 이루어지지 않는다."

— 헬렌 켈러(Helen Keller, 미국 교육자)

"우리는 편안함과 호화로움이 행복한 삶의 주요 요건인 것처럼 살아간다. 하지만 우리를 진정으로 행복하게 하는 것은 삶에 대한 열정이다."

— 찰스 킹즐리(Charles Kingsley, 영국 작가)

"나는 낙관주의자이다. 낙관주의자가 아닌 나를 상상하면 끔찍해서 견딜 수가 없다."

— 윈스턴 처칠(Winston Churchill, 영국 정치인)

"어둠을 저주하기보다는 촛불을 밝히는 것이 훨씬 더 낫다."

—중국의 속담

만약 당신이 지금보다 더 나은 삶을 갈구하고 있다면, 노먼 빈센트 필(Norman Vincent Peale, 미국 목사 겸 연설가)의 다음 말을 새기기 바란다.

"열정적으로 생각하고, 열정적으로 말하고, 열정적으로 행동하라. 그러면 당신은 열정적인 사람이 될 수 있다. 이와 다르게 소극적으로 생각하고, 소극적으로 말하고, 소극적으로 행동하라. 그러면 당신은 무기력한 사람이 될 수 있다. 감히 말하건대 당신이 열정적인 사람이 되기로 마음먹었다면, 앞으로 당신의 삶은 영감, 흥미, 열정, 기쁨 등과 같은 긍정 요인으로 채워질 것이다."

"열정은 무슨 일이든 실행할 수 있다는 믿음 그 자체이다"라는 헨리 체스터(Henry Chester, 영국 정치인)의 말에도 역시 귀를 기울일 필요가 있다.

이들의 말이 암시하듯이, 당신의 꿈과 희망을 실현하게 하는 것은 바로 당신의 열정이며, 당신의 열정은 당신의 잠재력을 일깨우고 당신의 미래를 밝혀 준다. 달리 말하면, 당신은 이루고자 하는 일에 대한 흥미와 열정 없인 그 일을 훌륭하게 수행할 수 없다.

목표한 바를 성취한 사람과 그렇지 못한 사람 간의 차이는 열정의 정도이다. 윈스턴 처칠(Winston Churchill, 영국 정치인)은 이렇게 말하였다. "거듭된 실패에도 불구하고 열정을 잃지 않을 때 비로소 성공은 찾아온다." 이 말에 비추어 보면, 열정은 아무에게나 저절로 주어지는 것이 아니다. 즉 열정은 행운의 산물이 아니라 새로운 도전과 새로운 열망의 산물이다.

만약 당신이 행복한 삶을 원한다면, "당신의 삶에 찬성표를 던지세요"라는 폴 윌리엄스(Paul Williams, 미국 작곡가)의 말에 주의를 기울여야 한다. 이 말이 암시하듯이, 당신을 행복하게 하는 것은 좋은 지위가 아니라 긍정적인 태도이다. 긍정적인 태도를 지닌 사람들은 겨울을 동상의 계절이 아니라 스키의 계절로 여긴다. 긍정적인 태도는 항상 긍정적인 결과를 가져온다.

혹시라도 당신이 삶에 대해 부정적인 태도를 지니고 있다면, 항해와도 같은 당신의 삶은 끊임없이 뱃멀미에 시달릴 것이다. 사람을 괴롭히는 것 중에서 우울, 비관, 절망, 두려움 등과 같은 부정적인 마음이 가장 치명적이다. 부디 당신의 열정과 긍정적인 태도로 삶의 촛불을 환하게 밝히길 바란다.

그 누구도 열정 없인 위대한 일을 이룰 수 없다.

내 삶에 위기가 닥친다면,
그 위기를 어떻게 극복할 것인가?

"인간의 진정한 가치는 평탄하고 안락한 삶을 누리는 데에 있기보다는
힘겹고 고통스러운 삶을 헤치고 나아가는 데에 있다."

- 마틴 루터 킹(Martin Luther King) -

사람은 누구나 한 번쯤은 삶의 위기에 처하기 마련이다. 그 위기의 원인은 자기 자신일 수도 있고 타인일 수도 있으며, 주어진 시공간적 상황이 위기의 원인일 수도 있다. 이처럼 삶의 위기의 원인은 여러 가지이지만 한 가지 확실한 것은 있다. 즉 자신에게 닥친 삶의 위기를 극복하느냐 마느냐가 앞으로 삶의 질을 좌우한다는 것이다.

만약 지금 당신에게 삶의 위기가 찾아온다면, 당신은 그 위기가 사라질 때까지 몸을 웅크린 채 기다리기만 할 것인가? 유감스럽게도 한번 찾아온 위기는 절대 저절로 사라지는 법이 없다. 그 위기가 당신 곁을 떠날지, 당신 곁에 머물지는 전적으로 당신의 노력 여하에 달려 있다.

잠시 눈을 감고 다음의 말을 음미해 보자.

"뜨거운 용광로에서 강철이 만들어지듯, 위대한 지성은 재난과 혼란의 시대에 탄생한다."

– 찰스 콜튼(Charles Colton, 영국 작가)

"당신은 대립과 갈등을 겪지 않고선 쇄신이나 변화를 일으킬 수 없다."

– 오럴 로버츠(Oral Roberts, 미국 신학자)

"당신이 폭풍우를 두려워한다면 항해하는 방법을 배울 수 없다."

– 루이자 메이 올컷(Louisa May Alcott, 미국 작가)

"만약 신이 당신의 모든 어려움을 대신한다면, 당신은 성장하는 방법을 배우지 못할 것이다."

– 마이크 머독(Mike Murdock, 미국 목사)

"누군가가 삶이 힘들다고 말할 때, 나는 항상 그 사람에게 '무엇과 비교해서 그렇다는 거죠?'라고 묻고 싶어진다."

– 시드니 해리스(Sydney Harris, 미국 언론인)

"상대방 투수가 공에 침을 발라 던진다면, 나는 침이 묻지 않은 쪽을 칠 것이다."

– 스탠 뮤지얼(Stan Musial, 미국 야구 선수)

"보석이 마찰 없이 광택을 내지 않듯 사람도 시련 없이 완벽해질 수 없다."

– 중국 속담

"목적지와 이어진 길에는 그 길을 막고 있는 거인이 있기 마련이다."

– 밥 해리슨(Bob Harrison, 미국 야구 선수)

만약 당신이 삶의 위기에 처해 있다면, "오늘의 시련과 역경은 내일의 성공과 영광을 위해 치러야 할 대가일 뿐이다"라는 윌리엄 보엣커 (William Boetcker, 미국 목사 겸 연설가)의 말을 기억하기 바란다. 또 "인간의 진정한 가치는 평탄하고 안락한 삶을 누리는 데에 있기보다는 힘겹고 고통스러운 삶을 헤치고 나아가는 데에 있다"라는 마틴 루터 킹(Martin Luther King, 미국 목사 겸 인권 운동가)의 말에도 귀 기울이기 바란다. 당신에게 닥친 삶의 위기는 이들의 말처럼 오히려 당신이 모든 면에서 더욱더 성장할 수 있는 원동력이자 또 다른 기회이다. 달리 말하면, 삶의 위기는 가치 있는 목표를 달성하려는 당신의 의지를 꺾는 것이 아니라 오히려 이를 강화하며, 크나큰 시련은 위대함을 위한 준비와도 같다. 불운의 문 옆에는 항상 행운의 문이 있는 것처럼, 삶의 위기를 견디다 보면 언젠가는 반드시 삶의 영광을 맞이하게 될 것이다.

"바다에서 당신이 몰고 있는 배가 폭풍우를 만났을 때, 당신이 바다로 뛰어내리면 당신과 그 배는 결코 바다를 건너지 못할 것이다." 찰스 케터링(Charles

Kettering, 미국 발명가)의 말이다. 만약 당신이 삶의 위기에 정면으로 도전하기보다는 뒤로 회피하려 한다면, 이 말과 함께 루 홀츠(Lou Holtz, 미국 축구 코치 겸 운동분석가)의 "역경은 개인의 위대함을 시험하는 또 다른 방식이다. 나는 나를 강하게 만들지 않는 위기를 겪어본 적이 없다"라는 말을 잊지 말아야 한다. 이들의 말처럼, 삶의 위기를 당신의 성장 기회로 삼는 것이 성공적인 삶을 위한 첫걸음이며, 당신이 아무리 큰 꿈을 품고 있더라도 역경을 감수하지 않는다면 그 꿈은 이루어지기 어렵다.

"나약한 사람은 환경을 자신의 지배자라고 여기지만 현명한 사람은 환경을 자신을 위한 도구라고 여긴다."
사무엘 로버(Samuel Lover, 아일랜드 작가)의 말이다. 이 말대로 당신에게 주어질지도 모를 삶의 위기를 부디 발전의 도구로 사용하길 바란다.

위기를 견디다 보면 기회는 오기 마련이다.

나는 얼마나 정직한가?

"거짓말쟁이는 자신을 속이고 타인의 양심을 훔치는 사람이나 다름없다."

- 허버트 카슨(Herbert Casson) -

평소에 사소한 거짓말을 자주 하는 어린 아들이 아빠에게 대화를 요청하였다.

아들: 존경스러운 아빠, 궁금한 게 있는데 물어봐도 돼?

아빠: 물론이지.

아들 : 개교기념일, 결혼기념일, 성탄절, 부활절 등과 같은 기념일은 있는데,
왜 나를 위한 기념일은 없는 거야?

아빠: 아니야, 그렇지 않아. 너를 위한 대단한 기념일이 있단다.

아들: 정말? 아빠는 모르는 게 없는 것 같아.

아빠: 너만을 위한 기념일은 바로 만우절(April Fools' Day)이야.

아들 : ······?

아빠 : 지금 네가 정직하다면 이날이 왜 너를 위한 기념일인지 깨닫게 될 거야.

*

정직한 사람이 자유롭고 떳떳한 삶을 누린다는 사실은 예나 지금이나 변함이 없다. 즉 정직함은 사람이 살아가는 좋은 방식 중 하나라는 의미이다.

정직한 사람은 자신이 알고 있는 진실을 과장하거나 왜곡하지 않으며, 자신에 의해 과장되거나 왜곡된 진실이 자신에게 독으로 되돌아온다는 것을 너무나도 잘 알고 있다. 또 정직한 사람은 진실이 거짓을 이긴다고 확신하기 때문에 어떤 상황에서도 진실을 고수하려고 한다.

거짓은 사소한 선의의 거짓이든 크나큰 악의의 거짓이든 간에 진실을 은폐하거나 곡해하기 위해 또 다른 거짓을 불러온다. 반면에 진실은 그 어떤 거짓으로도 가려지지 않으며, 진실을 대체할 수 있는 거짓은 존재하지 않는다.

잠시 눈을 감고 다음의 말을 음미해 보자.

"진실은 실존한다. 그러나 거짓은 인위적으로 날조되어야 한다."

– 조르주 브라크(Georges Braque, 프랑스 화가)

"진실은 물 위에 떠 있는 기름처럼 거짓 위에 군림할 것이다."

– 세르반테스(Cervantes, 스페인 작가)

"거짓말쟁이에게 가해지는 최고의 벌은 타인의 신뢰를 받지 못한다는 것이 아니라 타인을 믿지 못한다는 것이다."

– 조지 버나드 쇼(George Bernard Shaw, 아일랜드 극작가)

"당신이 한 번이라도 거짓말을 하게 되면, 그 이후에는 당신이 진실을 말하더라도 그 진실을 믿어 주는 사람은 아무도 없다."

– 수메르 속담

만약 당신이 정직한 사람이 되고 싶다면, "거짓말쟁이는 자신을 속이고 타인의 양심을 훔치는 사람이나 다름없다"라는 허버트 카슨(Herbert Casson, 캐나다 언론인 겸 작가)의 말을 기억해야 한다. 이와 함께 마가렛 리 런백(Margaret Lee Runbeck, 인도 작가)의 "세상에서 진실보다 더 강한 힘은 존재하지 않는다"라는 말 역시도 새겨두어야 한다.

꼭 이들의 말이 아니더라도 거짓말쟁이는 그 누구의 신뢰도 받지 못하며 밝고 떳떳한 삶을 누리기가 어렵다는 건 누구나 알고 있다. 이와 달리 정직한 사람은 진실이라는 힘으로 자신의 삶을 올곧게 가꾸어 갈 수 있다. 부디 당신이 자기 생각을 바꿔서라도 진실을 지키려는 정직한 사람이 되길 바란다.

아무리 사소한 선의의 거짓말이라도 오점을 남기기 마련이다.

질문 24

꼭 해야 할 일 한 가지는 무엇인가?

"평범한 사람은 자신에게 다가올 기회를 기다리기만 한다.
반면에 비범하고 진취적인 사람은 자신에게 다가올 기회를 찾아 나선다."

- B. C. 포브스(Bertie Charles Forbes) -

나는 한때 플로리다주에 있는 한 출판사의 책임자로 일하면서 저자들을 섭외
하는 일까지 도맡아 한 적이 있다. 누구라도 마찬가지겠지만 나는 독자들에게
긍정적인 영향을 끼칠 만한 주제를 다루는 책을 출판하고 싶었다.

당시에 나는 젊고 열정적인 목사인 존 비비어(John Bevere)와 친하게 지냈다.
나는 존과 함께 골프를 치면서 목회와 출판업에 관해 이야기하는 것을 좋아하
였다. 어느 날 나는 문득 '자신의 기분이 상했을 때 어떻게 하면 좋을지'에 관한
책의 필요성을 느꼈다. 종종 나는 주변 사람들이 기분 상한 일로 어쩔 줄 몰라
하는 모습을 보곤 했기 때문에 이 주제에 관한 책은 독자들의 호응을 불러일으
킬 것이라고 확신하였다.

존은 목회 활동을 하면서 주민들에게 좋은 평판을 얻었고 이들의 마음을 누
구보다도 잘 보살펴 주었다. 이런 존의 모습이 내 마음을 사로잡았다. 나는 망설
임 없이 존에게 '자신의 기분에 대응하는 방법'이라는 주제로 한 권의 책을 집필

해 달라고 요청하였다. 그는 흔쾌히 내 요청을 수락하였다.

나의 요청으로 존이 집필한 그 책의 결과는 어땠을까? 한마디로 그 책은 백만 부 이상 판매될 정도로 독자들의 크나큰 반응을 불러일으켰다. 나중에 존은 꼭 해야 할 일을 했을 뿐이라고 소감을 밝히면서 "우리가 꼭 해야 할 일을 하기 위해 적절한 시기에 적절한 행동을 취하는 것만큼 좋은 것은 없다"라고 하였다.

*

사람은 누구나 하고 싶은 일이나 해야 할 일을 마음에 품고 있다. 하지만 유감스럽게도 모든 사람이 그 일을 성공적으로 수행하는 것은 아니다. 그 이유야 다양하겠지만 무엇보다 중요한 것은 일에 임하는 태도가 진취적이어야 한다는 것이다.

잠시 눈을 감고 다음의 말을 음미해 보자.

"우유를 짜는 농부는 들판에서 젖소가 젖을 흘리기만을 기다려선 안 된다."

– 엘버트 허버드(Elbert Hubbard, 미국 작가)

"나는 나에게 주어진 모든 것을 최대한 활용한다. 그리고 나는 나에게서 사라진 모든 것에 대한 미련을 버린다."

– 사라 티즈데일(Sara Teasdale, 미국 작가)

"고개를 절대 숙이지 말라. 고개를 들고 당당하게 세상과 마주하라."

– 헬렌 켈러(Helen Keller, 미국 교육자)

"당신의 능력과는 상관없이 무슨 일이든 최선을 다하는 자세가 중요하다."

– 릴리언 헬먼(Lillian Hellman, 미국 극작가)

"살아가면서 바라는 바를 이루기 위해서는 기꺼이 희생하고 노력해야 한다."

– 조지 애덤스(George Adams, 영국 작가)

만약 당신이 성공적인 삶을 바란다면, "평범한 사람은 자신에게 다가올 기회를 기다리기만 한다. 반면에 비범하고 진취적인 사람은 자신에게 다가올 기회를 찾아 나선다"라는 B. C. 포브스(Bertie Charles Forbes, 미국 언론인)의 말과 "사람이 삶에서 느낄 수 있는 만족감의 정도는 대부분 자신의 독창성, 자기 충족 및 융통성에 달려 있다. 유감스럽게도 만족스러운 삶을 기다리기만 하는 사람들은 따분함이라는 삶의 늪에 빠지기 쉽다"라는 윌리엄 메닝거(William Menninger, 미국 정신과 의사)의 말에 귀를 기울이기 바란다.

당신이 다가올 삶의 기회를 마냥 기다리기만 한다면 이들의 말처럼 그 기회는 당신 곁을 스쳐 지나가기만 할 것이다. 스포츠 경기에서 소극적으로 방어만 하는 팀은 승리를 얻기가 어려운 것처럼, 당신 앞에 기회의 문이 있더라도 그 문을 밀지 않으면 절대로 열리지 않는다.

"나는 성공을 기다릴 수 없어서 성공을 찾으려고 무작정 앞으로 나아갔다."
조나단 윈터스(Jonathan Winters, 미국 희극 배우)의 이 말과 "성경 말씀에 서조차도 무기력한 자와 게으른 자를 두둔하는 구절은 없다. 신은 당신이 언제 어디서든 해야 할 모든 일에 열정적이길 바란다"라는 E. M. 바운즈(Edward McKendree Bounds, 미국 기독교 작가)의 말을 따라 부디 용기를 내어 삶의 기회를 찾아 나서길 바란다.

삶의 기회를 기다리지 말고 과감히 그 기회를 찾아 나서라.

세운 목표를 달성하기 위해
끊임없이 노력하고 있는가?

"훌륭한 성과는 쉽게 주어지는 것이 절대 아니다.
절반의 노력은 절반의 결과를 낳는 것이 아니라 아무것도 낳지 못한다.
지속적인 노력만이 성과를 낳는다."

- 해밀턴 홀트(Hamilton Holt) -

당신이 세운 목표가 아무리 멀게 느껴지더라도 절대 포기하지 마라. 만약 당신이 크나큰 시련을 겪고 있다면, 그 시련 속에는 신의 좋은 의도가 내포되어 있다고 생각해 보라. 지금의 시련이 먼 훗날 당신에게 기적과도 같은 선물이 될 수도 있다.

세상에서 가장 강한 사람은 포기할 줄 모르는 사람이다. 만약 당신이 이루고자 하는 목표를 지니고 있다면 포기하지 않으려는 의지를 먼저 키워라. 포기하지 않으려는 의지가 자기 삶에서 기적을 불러일으킬 것이다.

"앨프레드 러셀 월리스(Alfred Russel Wallace, 영국 생물학자)는 산누에나방을 도우려 했으나 자신의 어처구니없는 실수로 그 나방을 크게 해친 적이 있었다.

언젠가 그는 산누에나방이 날개를 퍼덕거리면서 자신의 누에고치 속에서 밖으로 나오려고 안간힘을 쓰는 모습을 발견하였다. 문득 그는 화려하고 균형 잡힌 날개를 가진 그 나방의 처절한 몸부림에 연민을 느끼게 되었다. 망설임 없이 그는 의료용 칼로 누에고치 속을 크게 벌렸다. 산누에나방은 누에고치 속에서 쉽게 밖으로 나왔다. 하지만 그 나방의 날개는 펴지지 않았고, 날개의 화려한 색은 빛을 잃고 퇴색되었다. 안타깝게도 산누에나방은 힘없이 주변을 맴돌다가 죽어버렸다.

누에고치 속에서 밖으로 나오려는 산누에나방의 처절한 몸부림은 그 나방의 생명력을 키우는 자연의 법칙이다. 유감스럽게도 월리스는 자연의 법칙을 어긴 대가로 그 나방의 생명을 빼앗은 것이다."

- F. W. 보어햄(Frank William Boreham, 영국 작가)

잠시 눈을 감고 다음의 말을 음미해 보자.

"당신은 하고자 마음만 먹으면 무슨 일이든 잘할 수 있다. 달리 말하면, 당신이 하고자 하는 마음을 갖지 않으면 무슨 일이든 잘할 수 없다. 잘해 보려는 의지가 기적을 낳는다."

- 조엘 호스(Joel Hawes, 미국 목사)

"성공하는 데 오랜 시간이 걸린다는 것을 알아야만 성공을 꿈꿀 수 있다."

– 몽테스키외(Montesquieu, 프랑스 사상가)

"인내와 노력은 인류의 수많은 문제를 해결해 왔고, 앞으로도 계속 그럴 것이다."

– 캘빈 쿨리지(Calvin Coolidge, 미국 30대 대통령)

"인생이라는 달리기에서 화려한 출발과 전력 질주보다 더 중요한 것은 완주하는 것이다."

– 허버트 코프먼(Herbert Kaufman, 미국 극작가)

"화려한 시작보다는 원숙한 끝이 더 낫고, 교만보다는 인내가 더 나으니라."

– 전도서 7장 8절

제이콥 리스(Jacob Riis, 미국 언론인)는 말했다. "바위를 세게 치고 있는 돌 절단기를 떠올려 보라. 바위 속에 균열이 보이지 않아도 돌 절단기는 끊임없이 바위를 친다. 그러다가 어느 순간에 바위는 둘로 쪼개진다. 바위가 쪼개진 것은 돌 절단기의 마지막 한 번의 내리침 때문이 아니라 수없이 반복된 내리침의 결과이다."

만약 당신이 삶에서 무언가를 성취하고 싶다면, 제이콥 리스가 말한 삶의 태도를 갖춰야 한다.

"훌륭한 성과는 쉽게 주어지는 것이 절대 아니다. 절반의 노력은 절반의 결과를 낳는 것이 아니라 아무것도 낳지 못한다. 지속적인 노력만이 성과를 낳는다"

라고 말한 해밀턴 홀트(Hamilton Holt, 미국 교육자) 역시도 이런 삶의 태도를 강조한다.

이들의 말을 보더라도 삶에서 무언가를 성취하기 위해서는 무한한 인내가 필요하다. 인내는 강한 의지의 결과이며, 성취는 바라는 바를 이루고자 끊임없이 노력하는 사람의 몫이다.

"신의 응답이 늦다고 해서 신이 당신을 거부한다고 생각해선 안 된다. 당신이 해야 할 일은 버티고 인내하는 것뿐이다."

- 콩트 드 뷔퐁(Comte de Buffon, 프랑스 사회학자)

"성공은 무언가를 성취하기 위해 사용한 시간에 대한 보상이다. 따라서 성공하는 데 시간이 걸리기 마련이다."

-조셉 로스(Joseph Ross, 영국 예술가)

이 두 사람의 말을 되뇌면서 몇 차례의 실패에 좌절하지 말고 부디 세운 목표를 향해 끈기 있게 달려가길 바란다.

솔선수범과 인내가 삶의 성취를 낳는다.

나는 무엇을 그렇게 두려워하는가?

"신은 세상을 둥글게 만드셨다.
그 이유는 인간이 길 아래쪽을 너무 멀리 바라보지 못하도록 하기 위해서이다."

- 이자크 디네센(Isak Dinesen) -

베링 해협에는 약 4km 정도의 거리를 두고 서로 마주 보는 두 개의 작은 섬이 있다. 하나는 미국에 속한 리틀 다이오미드 섬이고, 다른 하나는 러시아에 속한 빅 다이오미드 섬이다. 두 섬 사이는 미국과 러시아의 경계를 이루고 있으며, 이 경계는 국제 날짜 변경선과 일치한다. 알래스카의 일부인 리틀 다이오미드 섬에는 추크치족이 살고 있으며, 빅 다이오미드 섬에는 기상 관측소가 있다.

두 섬의 위치는 흥미로운 상황을 만들고 있다. 만약 당신이 리틀 다이오미드 섬의 해안가에서 빅 다이오미드 섬을 바라보고 있다면, 당신의 위치는 러시아라는 공간과 내일이라는 시간을 동시에 바라볼 수 있는 곳이 된다. 즉 당신은 내일의 러시아를 바라볼 수 있다는 것이다. 그러면 믿음의 위치에서 당신의 내일을 바라보면 무엇이 보일까?

꿈은 당신의 미래에 대한 밝은 전망을 보여준다.

믿음의 자리에서 당신의 미래를 바라보라. 그리고 어떤 상황에서 무슨 일을 하든 간에 용기와 믿음을 잃지 마라.

잠시 눈을 감고 다음의 말을 음미해 보자.

"할 수 있을지 고민하지 말고, 할 수 있다고 믿어라."

– 성 아우구스티누스(Saint Augustine, 고대 로마 신학자)

"내가 경기에서 많은 골을 넣을 수 있었던 비결은 단 하나다. 즉 나는 퍽(아이스하키용 고무 원반)이 있었던 곳이 아니라 있을 곳으로 질주한다."

– 웨인 그레츠키(Wayne Gretzky, 캐나다 아이스하키 선수)

당신은 하고 싶은 일이나 해야 할 일 앞에서 두려움을 느끼는가? 그렇다면, G. C. 리히텐베르크(G. C. Lichtenberg, 독일 철학자)의 "신의 축복을 요구할 용기로 모든 일을 행하라"라는 말과 "믿음은 아무런 근거 없이 맹목적으로 무언가를 믿으려는 것이 아니라 결과와는 상관없이 무언가를 용기 있게 하려는 것이다"라는 셔우드 에디(Sherwood Eddy, 미국 작가)의 말에 귀를 기울여 보라.

이들의 말처럼, 당신은 힘들거나 두려운 상황에서도 믿음을 갖고 앞으로 나아가야 한다. 무언가를 불가능한 것으로 여기지만 않는다면, 당신은 언젠가 그 무언가를 가능하게 할 것이다. 하지만 해야 할 일 앞에서 또는 삶 전체에서 주어진 조건이 부당하다고 불평하거나 소극적인 태도를 지닌다면, 당신의 발전은 더디게 될 것이다.

"신은 세상을 둥글게 만드셨다. 그 이유는 인간이 길 아래쪽을 너무 멀리 바라보지 못하도록 하기 위해서이다." 이자크 디네센(Isak Dinesen, 덴마크 작가)의 말이다. 이 말대로 당신 삶에 긍정적인 영향을 끼치는 좋은 생각만을 인정하고 받아들여라. 그리고 당신이 볼 수 있는 곳보다 더 멀리 가라.

아무리 어려운 상황에서도 "용기 있는 자는 행하고, 용기없는 자는 행하지 않는다"라는 말을 새기면서 무언가에 도전하려는 용기를 부디 발휘하길 바란다.

어미 새: (위로 높이 뻗어 있는 나뭇가지 끝에 앉아서) 나뭇가지 끝으로 오렴.
새끼 새: 너무 높아서 엄두가 나지 않아요.
어미 새: 나뭇가지 끝으로 오렴.
새끼새 : 아래로 떨어질까 봐 겁이 나요.
어미 새: 나뭇가지 끝으로 오렴.
새끼 새: (겨우 나뭇가지 끝에 앉음)
어미 새: (새끼 새의 몸을 슬쩍 건드림)
새끼 새: (깜짝 놀라면서 하늘 높이 날아오름)

당신이 집을 떠나기 전에 모든 신호등이 녹색이길 기대하지 마라.

- 짐 스토발(Jim Stovall, 미국 작가) -

어제 미룬 일을 오늘도 미룰 것인가?

"어리석은 사람은 해야 할 일을 미루고 미루지만 현명한 사람은 그 일을 즉시 한다."

- 발타자르 그라시안(Baltasar Gracián, 스페인 작가) -

미국 독립혁명기에 있었던 하나의 작은 사건은 일을 뒤로 미루는 행위가 큰 비극을 자초할 수도 있다는 사실을 잘 보여준다.

뉴저지주의 트렌턴에 주둔하고 있는 영국군의 사령관인 요한 랄은 카드 게임을 하다가 긴급 편지(미국의 조지 워싱턴 장군이 군대를 거느리고 델라웨어강을 건너고 있다는 내용)를 받았다. 랄은 편지 읽기를 미루고 게임에만 몰두하였다.

게임이 끝나고 나서야 편지를 읽은 랄은 사태의 심각성을 뒤늦게 알게 되었다. 그는 서둘러 군대를 재정비해서 조지 워싱턴 장군의 군대를 저지하려고 했지만 때는 이미 늦어버렸다. 그가 저지른 단 몇 분간의 지연 행위가 전투의 패배를 자초하면서 수많은 전사자와 부상자를 초래하였다.

이 사건과 관련하여 놀버트 퀘일(Nolbert Quayle, 영국 외교관)은 이렇게 말하였다.

"무심코 저지른 요한 랄의 지연 행위가 수많은 군인의 생명과 자유를 빼앗아 갔다. 유감스럽게도 세계의 역사는 실행되지 않은 무수한 계획들로 가득 차 있다. '내일'은 게으른 자의 변명이자 무능한 자의 피난처일 뿐이다."

＊

"만약 내가 오늘 해야 할 일을 내일로 미룬다면, 나는 어떤 대가를 치르게 될까?" 이 물음을 당신 자신에게 던져보라.

오늘 해야 할 일을 내일로 미루는 사람들은 내일이 되어서도 그 일을 미룰 가능성이 크며, 이들이 치러야 할 가장 큰 대가는 자신에게 다가온 좋은 기회를 놓치게 된다는 것이다.

잠시 눈을 감고 다음의 말을 음미해 보자.

"길을 건너지 않고 길가로만 다니는 사람은 결코 자신의 집에 도착하지 못한다."

– 세르반테스(Cervantes, 스페인 작가)

"책임을 회피할 수는 있으나 책임 회피의 결과를 회피할 수는 없다."

– 조시아 스탬프(Josiah Stamp, 영국 은행업자)

"완료해야 했던 일을 완료하지 못한 것에 대해 후회하는 것만큼 고된 일은 없다."

– 윌리엄 제임스(William James, 미국 철학자)

"게으른 사람에게 가장 매력적인 날은 내일이다."

– 지미 라이언스(Jimmy Lyons, 미국 음악가)

만약 당신이 삶을 주도하지 못하고 모든 조건이 갖추어질 때까지 행동을 마냥 미루기만 하는 사람이라면, 윌리엄 할시(William Halsey, 미국 해군 사령관)의 말을 되새기기 바란다.

"당신에게 주어진 문제를 회피하지 않고 당당히 맞서면, 그 문제는 작아지게 된다. 엉겅퀴를 소심하게 만지면 그 가시가 당신의 손을 찌른다. 하지만 엉겅퀴를 대담하게 움켜쥐면 그 가시가 부러진다."

또한 발타자르 그라시안(Baltasar Gracián, 스페인 작가)의 말에도 귀를 기울여야 한다.

"어리석은 사람은 해야 할 일을 미루고 미루지만 현명한 사람은 그 일을 즉시 한다."

이들이 말하듯이, 당신에게 주어진 일이 아무리 어렵더라도 그 일을 회피하거나 미루어서는 안 된다. 그 일을 회피하고 미룰수록 그 일의 어려움은 더욱더 커진다.

"어리석은 사람은 어제 해야 했던 일을 하지 못한 것에 대해 후회하지만 현명한 사람은 오늘 해야 할 일을 할 뿐이다."

주어진 조건이 불리하더라도 이 말을 늘 되뇌면서 삶에 휘둘리지 않고 삶을 주도하길 바란다.

미루는 버릇은 어려움을 크게 하는 비료와도 같다.

내가 세운 목표는 성취할 만한 가치가 있는가?

당신은 삶에서 성취할 만한 가치가 있는 목표를 세워야 한다. 그 목표가 성취할 만한 가치를 지니고 있다면, 당신은 목표를 성취하기 위해 끊임없이 노력해야 한다.

어느 화창한 날에 나는 약속 장소를 향해 자동차 운전을 한 적이 있었다. 나는 운전을 하면서 이것저것 생각하다가 문득 떠오른 영감에 전율을 느꼈다.

앞으로 나의 삶은 다음의 세 가지로 채워질 것 같아. 첫째, 나는 성직자의 본분을 다하면서 사람들과 좋은 관계를 맺고 이들에게 좀 더 많은 은혜를 베풀어야 해. 둘째, 나는 사람들이 신성한 소명을 갖도록 기도해야 해. 셋째, 나는 진실을 왜곡하지 않도록 거짓을 가려내어야 해.

이 세 가지는 지금까지도 내 삶의 목표가 되고 있다. 이러한 나의 삶의 목표는 충분히 성취할 만한 가치를 지니고 있기에 나는 앞으로도 이 목표를 성취하기 위해 노력할 것이다.

*

만약 당신이 불확실한 미래를 향해 비틀거리며 걷고 있다면, 당신의 밝은 미래를 전망해 줄 수 있는 뚜렷한 삶의 목표를 세워 보라. 삶의 목표는 당신에게 새로운 삶의 동기와 방법을 제공하며, 당신의 진정한 자산이 된다.

잠시 눈을 감고 다음의 말을 음미해 보자.

"목표를 지닌 삶이 곧 삶의 목표이다."

– 로버트 번(Robert Byrne, 미국 작가)

"무엇이 될지와 무엇을 할지에 대하여 분명한 답변을 하지 못하는 것만큼 수치스러운 일은 없다."

– 존 포스터(John Foster, 영국 작가)

"최고의 배우들은 자신이 맡은 배역을 위해 최선을 다한다. 이들의 노력과 열정은 오로지 자신의 배역을 완벽하게 소화하는 데 집중된다."

– 찰스 가필드(Charles Garfield, 미국 임상 교수 겸 연설가)

"당신을 위한 신의 선한 의지를 저버리는 유일한 방법은 '나는 아무것도 할 수 없어'라고 말하는 것이다."

– 릭 레너(Rick Renner, 미국 목사)

만약 당신이 삶에서 거시적인 목표든 미시적인 목표든 간에 그 목표를 세우는 것의 중요성에 대해 의구심을 지니고 있다면, "목표를 세우지 않으면 무슨 일이든 제대로 이룰 수 없다"라는 마르쿠스 아우렐리우스(Marcus Aurelius, 로마 제국 16대 황제이자 스토아학파 철학자)의 말을 기억하고, 또 "삶에서 온 힘을 기울여야 할 일이 없는 것만큼 비참한 삶은 없다"라는 마틴 루터 킹(Martin Luther King, 미국 목사 겸 시민권 운동가)의 말에 귀를 기울이며 자신을 돌아보아야 한다.

이들의 말이 암시하듯이, 누구이든지 삶에서 해야 할 최선의 일은 가치 있는 목표를 세우고 그 목표를 성취하기 위해 노력하는 것이다.

"진정한 행복은 목표를 이루기 위해 자신을 헌신하는 데에서 온다."

윌리엄 쿠퍼(William Cowper, 영국 작가)의 말이다. 부디 안개와도 같은 불확실한 삶의 상황에서도 이 말을 되뇌면서 목표와 성취가 잇따르는 삶을 가꾸길 바란다.

시작한 일을 잘 마무리하는 것이 삶의 순리이다.

- 마일즈 먼로(Myles Monroe, 바하마 목사) -

만약 내일이 없다면, 나는 오늘 무엇을 할 것인가?

"지금과 같은 또 다른 순간은 존재하지 않는다.

자신의 결심을 지금 실행하지 않는 사람은 나중에도 그 결심을 실행하지 않을 가능성이

매우 크다. 그 이유는 사람이 품은 결심은 시간이 지남에 따라 흐지부지되기 때문이다."

- 마리아 에지워스(Maria Edgeworth) -

"나는 해변에 서 있다. 내 옆에 있는 배 한 척이 아침 바람을 맞으며 흰 돛을 펼치고 푸른 바다를 향해 출발한다. 그 배는 강인하면서도 아름다운 자태를 드러내고 있다. 나는 그 배가 바다와 하늘이 서로 맞닿은 곳에서 흰 구름의 작은 조각처럼 보일 때까지 지켜보고 있다. 이때 내 옆에 있는 누군가가 '저기 배가 가고 있어!'라고 말한다.

어디로 갔지? 내 시야에서 사라졌어. 이제 그 배는 보이지 않아. 내 옆을 떠났더라도 그 배는 여전히 목적지까지 무거운 짐을 나를 수 있을 만큼 커다란 돛대와 선체를 갖고 있어. 그 배가 작아 보이는 것은 내 시야에서 멀어진 탓이지 배 자체가 작아진 탓이 아니야.

내 옆에 있는 누군가가 '저기 배가 가고 있어!'라고 말하는 순간, 멀리 떨어진 어딘가에서 그 배를 기다리면서 '저기 배가 오고 있어!'라고 환호할 준비를 하는 또 다른 누군가가 있을 거야."

– 헨리 반 다이크(Henry van Dyke, 미국 작가 겸 교육자)

*

이 순간을 잡아라! 오늘을 위해 살아라! 오늘의 진정한 가치를 알라!

오늘은 과거에 당신이 그토록 기대했던 미래이며, 오늘 당신이 최선을 다한다는 것은 내일의 결실을 위해 씨를 뿌리는 것이나 다름없다. 좋은 씨를 뿌리고 가꾸어야 예쁜 꽃을 피울 수 있듯이, 바로 오늘 최선을 다해야 좋은 내일을 맞이할 수 있다. 즉 오늘에 충실한 삶이 내일도 충실한 삶을 만든다.

잠시 눈을 감고 다음의 말을 음미해 보자.

"언젠가 일어난 모든 일과 앞으로 일어날 모든 일은 생각 속의 허상일 뿐이다. 지금이야 말로 우리가 잡아야 할 실상이다."

– 웨인 다이어(Wayne Dyer, 미국 심리학자)

"기적은 매일 당신 곁으로 온다."

– 오럴 로버츠(Oral Roberts, 미국 신학자)

"누구에게나 오늘이 이상적인 것은 아니다. 오늘 최선을 다하는 자에게만 오늘이 이상적이다."

– 호레이쇼 드레서(Horatio Dresser, 미국 종교 지도자)

"당신이 해야 할 최선의 일은 오늘 하루를 충실하게 보내는 것이다."

–조나단 스위프트(Jonathan Swift, 영국 작가)

"오늘 하루만큼 좋은 날은 없다."

– 랠프 월도 에머슨(Ralph Waldo Emerson, 미국 사상가)

"내일을 사는 것은 너무 늦다. 오늘을 살아라."

– 마르티알리스(Martialis, 고대 로마 시인)

존 버로우스(John Burroughs, 미국 자연주의자)는 말했다.

"삶에서 명심해야 할 중요한 교훈은 '발밑을 잘 살펴보라'이다. 당신의 진정한 힘의 근원은 항상 스스로의 내부에 있듯이, 당신이 처한 상황 속에는 언제나 훌륭한 기회가 있기 마련이다. 따라서 당신에게 주어진 시간과 입지를 소중히 여기라."

만약 당신이 무언가를 하기에 좋은 입지 조건을 갖고 있어도 그것을 알아차리지 못하는 경우가 허다하다면, 그 기회를 잡을 줄 알아야 한다.

앨버트 더닝(Albert Dunning, 네덜란드 음악학자) 역시도 기회를 놓치지 말라고 강조한다.

"좋은 기회는 누구에게나 주어지기 마련이지만 그 기회를 잡는 사람은 드물다. 좋은 기회를 내 것으로 만드는 유일한 방법은 오늘 하루에 충실하면서 주변 상황을 잘 살펴보는 것이다."

이들의 말에 귀를 기울이면서, 당신 곁에는 항상 좋은 기회가 있으며, 당신이 해야 할 유일한 일은 그 기회를 발견하고 당신의 것으로 만드는 일이라는 사실을 잊지 말아야 한다.

"무언가를 하기로 마음먹었으면 즉시 시작하라."

세네카(Seneca, 고대 로마의 철학자)의 말이다.

마리아 에지워스(Maria Edgeworth, 영국 작가) 역시도 같은 맥락으로 말했다.

"지금과 같은 또 다른 순간은 존재하지 않는다. 자신의 결심을 지금 실행하지 않는 사람은 나중에도 그 결심을 실행하지 않을 가능성이 매우 크다. 그 이유는 사람이 품은 결심은 시간이 지남에 따라 흐지부지되기 때문이다."

이들의 말처럼, 당신이 계획을 세우는 데 많은 시간을 들였더라도 그 계획을 실행할 땐 주저 없이 행하라. 그리고 당신의 삶에서 가장 중요한 순간은 지금 당신이 가치 있는 무언가를 하는 순간이라는 점을 명심하라.

막막한 오늘의 상황에서도 당신이 "갈망하고 꿈꾸는 미래는 오늘부터 시작된다"는 믿음을 잃지 말고 하루하루를 충실하게 살길 바란다.

노아(Noah)는 자신의 가족을 살릴 배가

들어오기를 기다리지 않고 그 배를 직접 만들었다.

질문 30

나는 오늘 누구를 사랑했는가?

"어떻게 봉사할 것인가에 삶의 초점을 두는 사람만이 진정으로 행복해질 수 있다."

- 알베르트 슈바이처(Albert Schweitzer) -

사람은 누구나 서로를 필요로 한다. 누군가가 당신이 소유하고 있는 것을 절실히 필요로 할 때가 있을 것이다.

지미 듀란테(Jimmy Durante)는 20세기 초중반에 미국에서 가수이자 희극 배우로 활동한 인물이다. 제2차 세계대전 중에 에드 설리번(Ed Sullivan, 미국 방송인)은 그에게 엘리스섬에 머물고 있던 군인들을 위한 위문 공연을 요청하였다. 지미는 그의 요청을 흔쾌히 수락하였다. 하지만 유감스럽게도 그는 뉴욕으로 돌아가서 라디오 방송에 출연해야 했기 때문에 위문 공연할 시간이 충분하지는 못하였다.

지미가 무대에 올라섰을 때 흥미로운 상황이 전개되었다. 그가 짧은 만담을 하자마자 군인들은 웃음을 터뜨리면서 우레와 같은 박수를 보냈다. 군인들의 박수 소리에 힘입어 그는 자신에게 허락된 시간을 초과하여 30분 이상 계속 공연하였다.

마침내 지미는 마지막 인사를 하고 무대에서 내려왔다. 무대 뒤에서 누군가가 그에게 질문하였다.

"고마워요, 그런데 당신에게 허락된 공연 시간은 10분도 채 안 되는데 30분 이상 공연한 이유가 뭔가요?"

그가 대답하였다.

"물론 나에게는 길게 공연할 시간이 없었어요. 하지만 맨 앞줄에 앉은 군인 2명을 보고 나서 내 마음이 바뀌었어요. 이들의 팔을 눈여겨보니 둘 다 한쪽 팔이 없었어요. 그런데도 이들은 서로 한 손을 맞닿게 해 힘차게 박수를 보냈어요. 이런 모습을 보고 어떻게 무대에서 일찍 내려올 수 있겠어요? 서로 돕는 이들의 모습이 아주 인상적이었어요."

*

서로 도움을 주고받는 것은 곧 서로에게 이득이 된다. 그리고 다른 사람에게 선을 베푸는 것은 인간의 고유한 특권이지, 의무가 아니다.

다른 사람들의 좋은 점을 찾고 이들을 돕기 위해 뭔가를 행하라! 사랑받을 자격이 없는 사람에게도 사랑을 베풀라! 다른 사람의 길을 가로막는 벽이 되지 말고 그 길을 열어주는 길잡이가 돼라! 만약 이렇게만 한다면 당신의 삶은 지금보다 더 만족스럽고 풍요로워질 것이다.

잠시 눈을 감고 다음의 말을 음미해 보자.

"이웃을 멸시하는 것은 죄를 범하는 것이나 다름없느니라. 반면에 가난한 자에게 자비를 베푸는 것은 행복을 쌓는 것이나 다름없느니라."

- 잠언 14장 21절

"당신이 남에게 도움을 베풀면 베풀수록 당신의 행복감은 더 커질 것이다."

- 칼 레일랜드(Karl Reiland, 미국 목사)

"누군가의 도움이 있었기에 당신이 지금의 자리에 있을 수 있는 것이다."

- 마틴 루터 킹(Martin Luther King, 미국 목사 겸 인권 운동가)

"세상 사람들은 서로의 친절을 갈구하면서도 왜 서로에게 친절하지 않을까? 친절을 베푸는 것만큼 쉬운 일도 없는데 말이야."

- 헨리 드러먼드(Henry Drummond, 영국 자연과학자)

만약 당신이 심적인 고통을 줄이고 행복한 삶을 가꾸고 싶다면, "어떻게 봉사할 것인가에 삶의 초점을 두는 사람만이 진정으로 행복해질 수 있다"라는 알베르트 슈바이처(Albert Schweitzer, 독일 의사)의 말과 "삶에서 가장 만족스러운 순간은 다른 사람을 위해 유익한 일을 할 때다"라는 피에르 드 샤르댕(Pierre de Chardin, 프랑스 신학자)의 말에 귀를 기울여 보라.

이들의 말이 암시하듯이, 당신이 다른 사람에게 베푼 사랑과 친절은 결국 당신 자신에게 돌아오기 마련이다. 즉 사랑과 친절의 씨앗을 뿌린 당신은 만족과 행복이라는 수확을 얻게 되는 것이다.

부디 세상이 각박하더라도 당신이 "다른 사람을 하찮게 여기는 것만큼 큰 실수는 없다"라는 말을 되뇌면서 다른 사람들에게 친절과 도움을 베풀길 바란다.

당신은 친절을 베푼 적이 있나요?
친절을 퍼뜨리세요.
친절은 당신만의 전유물이 아니에요.
친절을 퍼뜨리세요.
친절은 세월의 산물이며,
다른 사람의 눈물을 닦아주는 게 친절이에요.
하늘이 감동할 때까지,
친절을 퍼뜨리세요.

— 헨리 버튼(Henry Burton, 영국 청교도인)

당신이 황금률을 지키지 않는 한, 그 황금률은 아무 소용이 없다.

- 프랭크 크레인(Dr. Frank Crane, 미국 언론인) -

40 Questions

인생을 바꾸는
40가지 질문

제 4 장

목표를 이루기 위해
내가 지금 해야 할 작은 일은 무엇인가?

"승리는 큰 행위에서가 아니라 작은 행위에서 비롯된다.
지금의 작은 일에 최선을 다할 줄 알아야 큰일을 이룰 수 있다."

- 루이스 라무르(Louis L'amor) -

　원거리 사격술이 뛰어난 한 사냥꾼이 숲에서 커다란 호랑이 한 마리를 발견하였다. 사냥꾼은 가까운 거리에 있는 호랑이를 향해 재빨리 총을 쏘았다. 하지만 사냥꾼의 총알은 빗나가고 말았다. 호랑이는 총소리를 듣고 엉겁결에 사냥꾼에게 달려들었다. 다행히도 호랑이는 사냥꾼의 머리 위를 스치고 지나갔다. 가까스로 사냥꾼은 호랑이를 피해 캠프로 돌아갔다.

　목숨을 부지한 채 캠프로 돌아온 사냥꾼은 자신의 단거리 사격술이 부족함을 깨달았다. 다음 날 아침에 사냥꾼은 단거리 사격술을 익히기 위해 캠프 뒤쪽에 있는 야산으로 갔다. 사냥꾼이 한참 동안 단거리 사격술을 익히고 있는데 어디선가 바스락거리는 소리가 들려왔다. 사냥꾼은 소리가 나는 쪽으로 살금살금 기어갔다. 놀랍게도 사냥꾼에게 달려들었던 호랑이가 덤불 속에서 짧은 도약을 연습하고 있었다.

*

삶에서 큰 차이를 만드는 것은 큰 목표가 아니라 의미 있는 작은 도약이다. 따라서 사람은 누구나 자신의 삶을 올바른 방향으로 개선하는 데 필요한 작은 도약을 시도해야 한다.

"외관상 작아 보이는 일에 최선을 다하는 것을 주저하지 마라. 당신이 작은 일을 하나씩 성취해 나가다 보면 어느새 당신은 더욱더 큰 사람이 되어 있을 것이다. 확신하건대 작은 일에 대한 당신의 노력은 큰일을 이루기 위한 밑거름이 될 것이다." 데일 카네기(Dale Carnegie, 미국 작가)의 말이다. 이 말을 보더라도 작은 일의 중요성을 알려준다.

"승리는 큰 행위에서가 아니라 작은 행위에서 비롯된다. 지금의 작은 일에 최선을 다할 줄 알아야 큰일을 이룰 수 있다." 루이스 라무르(Louis L'amor, 미국 작가)의 이 말 역시도 똑같이 작은 일에 최선을 다하라고 한다.

당신이 원대한 일을 성취하길 바란다면 지금 당장 작은 일부터 시작하라. 그러면서 모든 영광은 작은 한 걸음을 신중하면서도 대담하게 내딛는 데서 비롯된다는 것을 명심하라.

잠시 눈을 감고 다음의 말을 음미해 보자.

"사다리의 가로대를 하나씩 하나씩 딛고 올라가야 높은 곳에 다다를 수 있다."

- 토머스 헨리 헉슬리(Thomas Henry Huxley, 영국 생물학자)

"작은 물방울이 모여 거대한 바다가 되고, 작은 모래알이 모여 광활한 땅이 된다."

- 줄리아 카니(Julia Carney, 미국 작가)

"삶의 방향을 결정하는 중대한 일은 대부분 작은 일이다. 그리고 원대한 일의 성취는 항상 작은 일의 성취에서 비롯된다."

- 로버트 스미스(Robert Smith, 미국 교육자 겸 작가)

"아무것도 하지 않는 사람이야말로 가장 큰 실수를 저지르는 사람이다."

- 에드먼드 버크(Edmund Burke, 아일랜드 사상가)

"확신하건대 작은 일을 잘 수행한 당신이라면 원대한 일 역시 잘 수행할 것이다."

- 데이비드 스토리(David Storey, 영국 극작가)

"강력한 불꽃은 항상 작은 불꽃에서 비롯된다."

- 단테(Dante, 이탈리아 작가)

"나는 위대하고 고귀한 일을 성취하길 바란다. 특히 나는 작은 일을 위대하고 고귀한 일처럼 성취하길 바란다." 헬렌 켈러(Helen Keller, 미국 교육자)의 말이다.

다음은 팻 로버트슨(Pat Robertson, 미국 전도사 겸 성경 주석가)의 말이다. "당신이 원대한 일을 하고 있더라도 작은 일을 소홀히 하지 마라. 그 이유는 작은 일을 소홀히 해서 원대한 일을 그르칠 수도 있기 때문이다."

만약 당신이 작은 일에 최선을 다하지 못한 채 원대한 일만을 꿈꾸고 있다면, 이 두 사람의 말이 무얼 얘기하는지 가슴에 새길 필요가 있다. 이들의 말처럼, 당신이 계획한 원대한 일을 성취하고 싶다면 작은 일에 정성을 다할 줄 알아야 한다. 그리고 당신이 추구하는 삶의 진전이 느리더라도 절대 낙담하거나 정체 상태에 빠져선 안 된다.

"삶의 성공은 주어진 환경에서 주어진 소소한 조건을 최대한 활용하는 사람에게 주어진다."

이 말을 되뇌면서 당신의 마음이 원대한 꿈으로 가득 차 있더라도 부디 작은 일에 최선을 다하길 바란다.

작은 한 걸음이 큰 차이를 만든다.

내가 이미 가지고 있는 것은 무엇인가?
내가 이미 잘하고 있는 것은 무엇인가?

"당신이 소유하지 못한 것에 연연하는 것은
당신이 소유하고 있는 것을 낭비하는 것이나 다름없다."

- 켄 키스 주니어(Ken Keyes Jr.) -

한 소년이 슈퍼마켓에서 여러 가지 과자를 고르고 있을 때, 직원이 그에게 말하였다.

"만약 네가 지금 19,866 곱하기 10,543의 값을 구할 수 있다면, 너에게 푸짐한 선물을 줄게."

"그 값은 209,447,238이에요."

소년이 즉시 대답하였다.

직원은 깜짝 놀라 소년에게 물었다.

"도대체 어떻게 그 값을 구했니?"

소년이 대답하였다.

"다른 건 못해도 곱셈 문제 풀기만은 자신 있어요. 이런 내가 자랑스러워요."

사람이라면 누구에게나 잘하는 무언가가 있기 마련이다. 그런데도 사람들 대부분은 자신이 잘하지 못하는 것과 소유하지 못한 것에 연연하면서 자신만의 강점을 간과하는 경향이 있다.

이에 대해 에드거 왓슨 하우(Edgar Watson Howe, 미국 작가)는 지적한다.

"사람들 대부분은 자신이 잘할 수 없는 일에 매달리다가 자신이 잘할 수 있는 일을 간과하는 실수를 초래한다."

에피쿠로스(Epicurus, 고대 그리스 철학자) 역시도 말한다.

"당신이 소유하지 못한 것에 집착하지 말고, 당신이 소유하고 있는 것을 소중히 여겨라. 지금 당신이 소유하고 있는 것은 과거에 당신이 그토록 바랐던 것 중 하나라는 것을 명심하라."

이들의 말처럼, 삶에서 좋은 성과를 이루길 바란다면 당신이 가진 것에 주의를 기울여라. 그리고 잘하지 못하는 것에 집착하지 말고, 당신이 잘하는 것에 집중하라.

잠시 눈을 감고 다음의 말을 음미해 보자.

"삶에서 중요한 문제는 시간, 도구, 영향력, 교육력 등과 같은 조건이 갖추어졌을 때 무엇을 할 것인가가 아니라 이미 갖추어진 조건을 어떻게 활용할 것인가이다."

– 해밀턴 마비(Hamilton Mabie, 미국 작가)

"당신이 할 수 있는 일에 전념하라. 그리고 당신이 처한 상황과 소유한 것을 최대한 활용하라."

- 테디 루스벨트(Teddy Roosevelt, 미국 26대 대통령)

"신중한 계획만으로는 결코 영웅이 될 수 없다."

- 존 뉴먼(John Newman, 영국 성직자 겸 작가)

만약 당신이 잘하지 못하는 것과 소유하지 못한 것에 연연한 채 자신의 강점을 과소평가하고 있다면, "나는 모든 것을 잘할 수는 없으나 여전히 나는 무언가를 잘할 수 있다. 그리고 나는 모든 것을 잘할 수는 없기에 내가 할 수 있는 무언가를 위해 최선을 다할 것이다"라는 에드워드 헤일(Edward Hale, 미국 작가)의 말과 "당신이 소유하지 못한 것에 연연하는 것은 당신이 소유하고 있는 것을 낭비하는 것이나 다름없다"라는 켄 키스 주니어(Ken Keyes Jr., 미국 작가)의 말에 귀를 기울여 보라.

이들의 말이 암시하듯이, 좋은 기회는 항상 지금의 당신 곁에 있는 것이지 멀리 떨어진 과거나 미래의 당신 곁에 있는 것이 아니다. 그리고 좋은 성과를 내는 가장 확실한 방법은 당신이 이미 소유하고 있는 것과 잘하는 것을 시의적절하게 활용하는 것이다.

"당신의 꿈을 이루기 위해 가장 먼저 해야 할 일은 그 꿈과 관련된 당신의 잠재력을 발견하는 것이다."

능력이 부족하다고 느껴질지라도 늘 이 말을 기억하면서 소유하고 있는 것에 감사하고 잘하는 것에 집중하길 바란다.

원대한 꿈을 향한 출발지는 바로 당신이 서 있는 지금의 자리이다.

질문 33

내 삶에서 가장 후회스러운 일은 무엇인가?

"성공적인 삶에는 위험이 뒤따르기 마련이다.
당신이 위험을 피하기만 한다면 성공 역시 당신을 피해 갈 것이다."

- 메타스타시오(Metastasio) -

당신이 안주하고 싶을 정도로 안일한 삶의 영역에서 벗어나는 것은 쉬운 일이 아니다. 하지만 그 영역 속에는 당신과 어울리지 않는 사람이 있을 수도 있고, 당신의 머릿속을 부정적인 생각으로 물들이는 사람이 있을 수도 있다. 만약 당신이 안일한 삶의 영역에서 벗어난다면 당신의 삶은 획기적으로 변화될 것이다. 나아가 당신은 당신의 능력을 기다리는 거대한 세상과 만나게 될 것이다.

만약 지금까지의 삶을 되돌아본다면, 분명히 당신에게는 후회스러운 순간(용기를 내야 할 때 용기를 내지 못한 순간, 자신을 믿어야 할 때 스스로 믿지 못한 순간, 결단을 내려야 할 때 결단을 내리지 못한 순간 등)이 있었을 것이다.

삶이 후반기에 들어선 50대의 사람들을 만나보니 그들은 대부분 이렇게 말하곤 하였다.

"20대에 좀 더 많은 도전과 모험을 시도했더라면 좋았을 텐데."

"더 열심히 살았더라면 좋았을 텐데."

"그 일을 포기하지 않았더라면 좋았을 텐데."

"나의 잠재력을 최대한 발휘했더라면 좋았을 텐데."

"가족들과 좀 더 많은 대화를 나누었더라면 좋았을 텐데."

한마디로 그들은 매 순간 해야 할 일에 최선을 다하지 못한 것을 후회하고 있었다.

*

만약 만족스럽고 성공적인 삶을 바란다면, 당신은 지금 해야 할 일에 최선을 다하고 새로운 뭔가를 시도해야 한다. 그리고 "목표한 바를 이룰 가능성이 희박하더라도 그 가능성을 포기해선 안 된다"라는 존 스테몬스(John Stemmons, 미국 시민 운동가)의 말처럼, 뭔가를 시도할 때에는 잘할 수 있다는 믿음을 가져야 한다.

"'안전제일'이 인류의 좌우명일지라도 지도자의 좌우명은 결코 아니다. 지도자는 위험과 비난을 감수해야 한다"라는 허버트 카슨(Herbert Casson, 캐나다 작가)의 말과 "당신이 지금보다 더 나은 삶을 바란다면 당신에게 닥친 삶의 위험이나 도전을 회피해선 안 된다. 아무런 대가도 치르지 않고 얻을 수 있는 것은 아무것도 없다"는 데이비드 비스코트(David Viscott, 미국 정신과 의사 겸 작가)의 말처럼, 위험을 무릅쓰지 않는다면 당신은 결코 목표한 바를 이룰 수 없다. 요컨대 위험을 포함하지 않는 꿈은 꿈이라고 불릴 가치가 없으며, 성공적인 삶은 항상 위험이나 모험을 동반하기 마련이다.

잠시 눈을 감고 다음의 말을 음미해 보자.

"지지 않기 위해 경기하지 말고, 이기기 위해 경기하라."

– 데이비드 마호니(David Mahoney, 미국 축구 선수)

"위험을 무릅쓰지 않는 사람은 잘못이나 실수를 피할 순 있어도 큰일을 할 수는 없다."

– 에드워드 핼리팩스(Edward Halifax, 영국 정치인)

"기다리는 사람에게는 시간이 더디게 가고, 두려워하는 사람에게는 시간이 빨리 간다. 또 슬퍼하는 사람에게는 시간이 길고, 기뻐하는 사람에게는 시간이 짧다. 하지만 사랑하는 사람에게는 시간이 영원하다."

– 헨리 반 다이크(Henry van Dyke, 미국 작가)

"이정표나 전환점 없이 평탄하고 안전하기만 한 길이라면 지옥을 향한 길이 될 수도 있다."

– C. S. 루이스(C. S. Lewis, 영국 작가)

"평생을 양으로 사는 것보다는 단 하루를 살아도 사자로 사는 것이 훨씬 더 낫다."

– 엘리자베스 케니(Elizabeth Kenny, 호주 간호사)

"위험에 집중하지 말고 좋은 결과에 집중하라. 아무리 큰 위험일지라도 당신의 목표를 방해할 만큼 크지는 않다."

― 척 예거(Chuck Yeager, 미국 공군 조종사)

"만약 당신이 실제로 평탄한 삶만을 누려왔다면, 과거에 당신은 지금보다 훨씬 더 성공적인 삶을 이끌 수도 있었던 기회를 놓친 것이 틀림없다."

― 토미 바넷(Tommy Barnett, 미국 작가)

만약 당신이 감수해야 할 삶의 위험과 도전을 피하기만 하거나 '무엇을 할지'를 용기 있게 결정하지 못하고 있다면, 메타스타시오(Metastasio, 이탈리아 극작가)의 이 말을 기억하기 바란다.

"성공적인 삶에는 위험이 뒤따르기 마련이다. 당신이 위험을 피하기만 한다면 성공 역시 당신을 피해 갈 것이다."

또 모리스 웨스트(Morris West, 호주 작가)의 말에도 귀를 기울이기 바란다.

"삶의 폭풍을 걱정하면서 자신의 삶을 위축시키는 사람은 결코 햇빛을 즐기지 못할 것이다."

이들의 말이 전해주듯이, 아무것도 시도하지 않는다면 당신에게는 아무런 희망도 남지 않을 것이다. 그리고 당신이 세운 목표가 아무리 원대하더라도 목표를 향한 대담한 몸짓이 없고서는 그 목표를 달성할 수가 없다.

삶이 힘겹게 느껴질지라도 "성공은 용기 있는 자의 산물이다"라는 말을 되뇌면서 당신에게 주어진 삶의 도전을 기꺼이 맞이하길 바란다.

편안한 지금의 삶에 안주하지 말고 새로운 삶에 도전하라!

매사에 감사한 마음을 가졌더라면,
내 삶은 더 행복하지 않았을까?

"감사할 줄 모르는 사람에게는 자신에게 주어진 행복이 작게만 보인다.

하지만 만족하고 감사할 줄 아는 사람에게는

자신에게 주어진 행복이 소중하고 크게만 보인다."

- 막심 고리키(Maxim Gorky) -

오래전에 나는 거리를 활보하거나 언덕 위를 오를 때 숨이 가빠지는 것이 자주 느껴졌다. 나는 별 대수롭지 않은 마음으로 의사의 진찰을 받으러 병원에 갔다.

나를 담당한 의사는 나에게 간단한 질문을 하고 나서 몇 가지 검사를 진행하였다. 며칠 후에 나는 다섯 개의 막힌 동맥이 내 몸을 해치고 있다는 검사 결과를 받아들였다.

나의 치명적인 건강 상태는 가족 모두에게 충격을 주었고, 나는 죽을지도 모른다는 두려움과 맞서야만 하였다. 나의 내면에서 일어나는 두려움과 불안을 이기기 위해 이렇게 기도하였다.

"이만해서 다행입니다. 견딜 수 있을 만큼의 시련을 저에게 주셔서 감사합니다."

다행히도 나는 좋은 의사를 만나서 적절한 치료를 받고 건강을 회복하게 되었다. 긴 시간에 걸쳐서 치료를 받는 동안 나는 불평하고 두려워해야 할 일보다는 감사해야 할 일이 더 많다는 것을 깨달았다.

*

"자신이 사는 연못에 감사할 줄 모르는 개구리가 가장 불쌍한 개구리이다"라는 말을 들어본 적이 있는가? "감사하는 마음은 가장 위대한 미덕일 뿐만 아니라 다른 모든 미덕의 근원이기도 하다"라는 키케로(Cicero, 고대 로마의 철학자)의 말을 이해할 수 있겠는가? 당신은 "감사합니다"라는 말을 자주 하는가?

만약 당신이 지금까지 감사한 마음으로 살아왔다면, 당신의 삶은 그것만으로도 충분히 성공적이다. 그 이유는 감사하는 마음이 행복을 가져오는 가장 중요한 최대 요인이기 때문이다.

잠시 눈을 감고 다음의 말을 음미해 보자.

"악마의 최고 목적은 당신에게서 뭔가를 훔치는 것이 아니라 당신에게서 감사하는 마음을 빼앗는 것이다."

– 맥스 루카도(Max Lucado, 미국 목사)

"감사하지 않는 마음은 곧 신에 대한 인간의 반란이다."

— 프란시스 섀퍼(Francis Schaeffer, 미국 목사)

"탐욕은 만족하거나 감사할 줄 모른 채 욕구 충족에만 집착하는 인간의 삐뚤어진 마음이다. 그리고 탐욕은 탐욕스러운 자기 자신을 지치게 한다."

— 에리히 프롬(Erich Fromm, 독일 심리학자)

"만족할 줄 모르는 사람에게는 그 어떤 것도 충분하지 않다."

— 에피쿠로스(Epicurus, 고대 그리스 철학자)

만약 당신이 소유한 것에 대해 감사하지 않고 불평만 늘어놓고 있다면, "감사하지 않는 마음은 그 어떤 은혜도 불러들이지 못한다. 하지만 감사하는 마음은 항상 하늘의 축복을 불러들인다"라는 헨리 워드 비처(Henry Ward Beecher, 미국 목사)의 말과 "감사할 줄 모르는 사람에게는 자신에게 주어진 행복이 작게만 보인다. 하지만 만족하고 감사할 줄 아는 사람에게는 자신에게 주어진 행복이 소중하고 크게만 보인다"라는 막심 고리키(Maxim Gorky, 러시아 작가)의 말에 귀를 기울여 보라.

이들의 말이 암시하듯이, 당신이 불평하면 할수록 당신의 마음은 점점 더 불행해질 것이고, 당신이 감사하면 할수록 당신의 마음속에는 낙담의 씨앗 대신에 행복의 씨앗이 자랄 것이다.

행복이 작게 느껴질지라도 "만족하고 감사하면 할수록 행복은 더 커진다"라는 말을 되뇌면서 당신에게 주어진 모든 것에 부디 감사하길 바란다.

불평하는 마음을 감사하는 마음으로 바꾸어라!
미워하는 마음을 사랑하는 마음으로 바꾸어라!
심술궂은 마음을 배려하는 마음으로 바꾸어라!
비난하는 마음을 칭찬하는 마음으로 바꾸어라!
부정하는 마음을 긍정하는 마음으로 바꾸어라!

**당신에게 주어진 행복이 아무리 작더라도
그 작은 행복만큼 소중한 것은 없다.**

나는 미래 지향적인 삶을 살고 있는가?

"과거에 연연하지도 않고 후회하지도 않겠다는 것을 삶의 신조로 삼아라.

후회는 삶의 에너지를 빼앗을 뿐이다."

- 캐서린 맨스필드(katherine Mansfield) -

한 여자가 몇몇 사람을 저녁 식사에 초대하였다. 그녀는 식탁에 음식을 차리고 나서 여섯 살 된 딸에게 식사 기도를 부탁하였다.

딸: 엄마, 무슨 말을 해야 할지 모르겠어요.

엄마: 얘야, 오늘 아침에 식탁에서 내가 한 말을 기억해 보렴.

딸: (고개를 숙이고) 신이시여, 한심하게도 내가 왜 이 사람들을 초대했나이까?

＊

과거 지향적인 삶을 사는 사람은 언젠가 뜻하지 않은 곤경에 빠질 수도 있다. "과거에 사로잡혀 사는 것은 아둔하고 외로운 일이다. 뒤만을 돌아다 보면 당신의 목 근육이 파열되듯, 과거만을 돌아다 보면 당신의 현재와 미래가 온전하지 못하게 된다"라는 에드나 퍼버(Edna Ferber, 미국 작가)의 말과 "당신이 항상 과거에 관한 생각에 머물러 있다면, 당신에게 더 나은 미래는 오지 않을 것이다"라는 찰스 케터링(Charles Kettering, 미국 공학자)의 말로 이런 사실을 알 수 있다.

다시 말하지만 지나온 과거에 미련을 두고 연연한다면, 당신은 앞으로 나아가지 못하고 삶 전체가 퇴보할 수도 있다는 사실을 잊지 말기 바란다. 이와 관련하여 캐서린 맨스필드(katherine Mansfield, 영국 작가)는 이렇게 말하였다.

"과거에 연연하지도 않고 후회하지도 않겠다는 것을 삶의 신조로 삼아라. 후회는 삶의 에너지를 빼앗을 뿐이다."

'시간'이라는 강물 위에 떠 있는 '삶'이라는 배는 미래를 향해 나아가는 것이지 과거를 향해 나아가는 것이 아니다. 만약 당신이 과거의 상처에서 헤어 나오지 못하고 있거나 과거의 영광에 머물러 있다면, 미래에 있을 당신의 삶은 그다지 희망적이지 못할 것이다.

잠시 눈을 감고 다음의 말을 음미해 보자.

"당신이 있었던 곳을 바라보지 말고, 당신이 있을 곳을 바라보라."

– 마이크 머독(MIke Murdock, 미국 목사)

"어제를 후회하면서 오늘을 낭비하는 사람은 오늘을 후회하면서 내일을 낭비할 것이다."

– 필립 라스킨(Philip Raskin, 미국 작가)

"자신의 과거를 되살 만큼 부유한 사람은 없다."

– 오스카 와일드(Oscar Wilde, 아일랜드 작가)

"나는 과거의 역사보다는 미래의 꿈을 훨씬 더 좋아한다."

– 토머스 제퍼슨(Thomas Jefferson, 미국 제3대 대통령)

"어제의 영광이 아무리 화려하더라도 오늘의 영광만큼 화려하진 않다. 부디 어제의 영광에 머물지 말고, 오늘의 영광과 내일의 영광을 추구하길 바란다."

– 허버트 험프리(Hubert Humphrey, 미국 정치인)

"당신의 과거를 바꿀 수는 없으나 오늘의 행동으로 당신의 내일을 바꿀 수는 있다."

– 데이비드 맥낼리(David McNally, 영국 영화감독 겸 작가)

"아쉽게 패배한 경기에 연연하지 말라. 앞으로 승리해야 할 경기만을 생각하라."

– 사첼 페이지(Satchel Paige, 미국 야구 선수)

로라 팔머(Laura Palmer, 미국 작가)는 말했다.

"어제를 후회하면서 오늘을 낭비하지 말고, 오늘에 충실하여 내일의 영광을 맞이하라."

잉게(W. R. Inge, 영국 성직자) 역시도 같은 말을 했다.

"과거의 잘못을 떠올리는 게 중요한 것이 아니라 그 잘못을 반복하지 않으려는 현재의 의지가 중요한 것이다."

만약 당신이 과거의 삶에 사로잡혀서 좌절감이나 무기력감을 느끼고 있다면, 이들의 말에 귀를 기울여 보자. 그러면서 과거는 과거일 뿐이니 과거를 바꾸려고 애쓰지 말고, 희망과 행복을 품고 있는 미래를 맞이하려고 노력하라.

"행복에 이르는 지름길은 과거에 관한 생각에 빠지지 않는 것이다."

이 말을 되뇌면서 과거의 삶이 초라하게 느껴질지라도 당신에게 주어진 현재에 충실하여 희망적인 미래의 삶을 맞이하길 바란다.

과거 지향적인 생각은 미래의 희망을 앗아갈 수도 있다.

나는 긍정적인 말을 얼마나 자주 하는가?
내가 불평할 때 그 소리는 어떻게 들릴까?

"자신에게 가능한 한 친절한 말을 하라. 그 친절한 말이 당신 자신의 삶을 바꿀 수도 있다."

- 요한 라바터(Johann Lavater) -

결혼기념일을 잊어버린 한 남자가 아내 앞에서 어쩔 줄 몰라 하였다. 그의 아내는 화를 내면서 이렇게 말하였다.

"내일까지 대문 앞에 멋진 선물을 놓아두세요. 기대할게요."

다음 날 아침에 그는 일찍 출근하였다. 그의 아내는 늦잠을 자고 일어나서 대문 앞을 살펴보았다. 그녀가 기대한 대로 선물 상자가 놓여 있었다.

그런데 그녀의 남편은 그 이후에 집으로 돌아오지 않았다.

*

만약 당신이 지금 소유하고 있는 것에 감사함을 느끼지 못한다면, 당신은 지금보다 더 많은 것을 소유하더라도 감사함을 느끼지 못할 것이다. 그리고 감사함을 느끼지 못한다는 것은 행복함을 느끼지 못한다는 것이나 다름없다.

잠시 눈을 감고 다음의 말을 음미해 보자.

"올바른 말이 얼마나 강력한지 아느냐?"

– 욥기 6장 25절

"아무런 비용을 들이지 않고서도 큰 힘을 발휘하는 것이 바로 친절한 말 한마디이다."

– 블레즈 파스칼(Blaise Pascal, 프랑스 철학자)

"곤경에 처한 사람에게 도움을 주는 말은 가뭄에 내리는 단비와도 같다."

– 헨리 워드 비처(Henry Ward Beecher, 미국 목사)

윌프레드 그렌펠(Wilfred Grenfell, 영국 의료 선교사)은 말했다.

"당신이 다른 사람의 흉허물을 이야깃거리로 삼는다면, 후폭풍이 당신에게 돌아올 수도 있다. 그리고 당신이 다른 사람에 대해 아무리 많은 것을 알고 있더라도 그 아는 것을 다 말해선 안 된다."

요한 라바터(Johann Lavater, 스위스 목사 겸 작가)도 말했다.

"자신에게 가능한 한 친절한 말을 하라. 그 친절한 말이 당신 자신의 삶을 바꿀 수도 있다."

습관적으로 다른 사람의 흉허물을 이야기하면서 자기만족을 얻거나 자신에게 부정적인 말을 하면서 자기연민에 빠진다면, 이 두 사람의 말을 새겨보기 바란다.

이들의 말처럼, 말 한마디가 당신 자신에게 큰 힘이 될 수도 있고 당신의 의욕을 꺾을 수도 있다. 즉 당신에게 가장 큰 적이 될 수도 있고 가장 신뢰할 만한 친구가 될 수도 있는 것이 당신 자신에게 하는 말이다.

"나의 가장 큰 문제를 나의 가장 큰 기회로 여기면 어떨까? 위기는 곧 기회이다."

이 말을 되뇌면서 안고 있는 삶의 문제가 크게 느껴질지라도 부디 자신에게 희망적이고 긍정적인 말을 하길 바란다.

당신 자신에게 책임질 수 없는 말을 하지 마라.

나는 시작한 일을 포기한 적이 있는가?

"세상은 항상 당신에게 포기할 기회를 제공한다.

하지만 당신은 포기할 기회를 버리고 새롭게 도전할 기회를 잡을 수 있다."

- 클린트 브라운(Clint Brown) -

한 젊은 프로 야구 선수가 집에서 친구와 함께 지난 경기에 관해 이야기를 나누고 있을 때, 그의 아내는 부엌에서 점심을 준비하고 있었다. 그런데 갑자기 이들의 아기가 울기 시작하였다.

아내: (다급한 목소리로) 여보, 아기 기저귀 좀 갈아 줘요.

남편: 나는 프로 야구 선수야. 기저귀 갈아 끼우는 건 내 일이 아니야.

아내: (화난 목소리로) 여보!

남편: 나는 기저귀를 갈아 끼울 줄도 몰라.

아내: (침착한 목소리로) 내 말대로 하면 돼요. 기저귀를 마름모꼴로 평평하게 펼치고 아기 엉덩이를 가운데에 놓으세요. 그런 다음에 1루와 3루에 위치한 찍찍이를 서로 붙이고, 홈 플레이트와 2루에 놓인 찍찍이를 각각 배꼽 위쪽에 놓인 찍찍이에 붙이면 돼요.

남편: (시행착오를 반복하다가 기저귀를 바르게 갈아 끼움) 내가 해냈어!

힘든 시기에 사람들 대부분은 자신의 도전적인 일을 포기하려는 경향이 있다. 하지만 나는 이들에게 감히 "무슨 일이든 성공을 위해서는 '포기'라는 말을 사용해선 안 된다. 포기하는 순간에 희망도 사라진다"라고 말해주고 싶다.

"역사적으로 유명한 인물들의 공통점은 힘든 시기에 포기하고 싶은 내면의 유혹을 물리쳤다는 것이다"라는 피터 로우(Peter Lowe, 미국 성공 세미나 창립자)의 말과 "세상은 항상 당신에게 포기할 기회를 제공한다. 하지만 당신은 포기할 기회를 버리고 새롭게 도전할 기회를 잡을 수 있다"라는 클린트 브라운(Clint Brown, 미국 복음주의 음악가)의 말도 들려주고 싶다.

이들의 말에서도 알 수 있듯이, 무슨 일이든 포기만 하지 않는다면 새로운 기회는 주어지기 마련이다.

잠시 눈을 감고 다음의 말을 음미해 보자.

"권투선수에게 가장 힘이 되는 좌우명은 칠전팔기이다."

– 잰슨(H. E. Jansen, 미국 작가)

"상대방의 펀치를 맞고 다운되더라도 다시 일어서면 이길 기회를 잡을 수 있다."

– 아치 무어(Archie Moore, 미국 권투선수)

"삶이라는 줄다리기에서 뒤로 밀리더라도 절대 넘어져선 안 된다."

- 영국 속담

"승리를 위해서라면 그 어떤 어려움도 불사해야 한다."

- 마거릿 대처(Margaret Thatcher, 영국 정치인)

"절망에 빠진 사람은 있어도 절망적인 상황은 없다."

- 클레어 부스 루스(Clare Boothe Luce, 미국 작가 겸 정치인)

만약 당신이 모든 것을 포기하고 싶을 정도로 어려움을 겪고 있거나 습관적으로 '할 방법이 아니라 하지 않을 방법'을 찾고 있다면, 다음의 말에 귀를 기울여 보기 바란다.

"'당장 포기해. 넌 아무것도 할 수 없어'라는 충고를 무시한다면 당신은 반쯤 성공한 것이다"라는 데이비드 주커(David Zucker, 미국 영화 제작자)의 말과 "당신이 '포기'라는 말을 하지 않는 한, 당신에게 포기란 있을 수 없다"라는 조엘 버드(Joel Budd, 미국 언론인)의 말이다.

이들의 말이 암시하듯이, 포기를 뜻하는 '난 할 수 없어'라는 말은 바보들의 푸념이자 최대의 비극을 낳는 요인이다.

"신이 나에게 주신 최고의 선물은 포기하지 않을 용기이다."

체스터 니미츠(Chester Nimitz, 미국의 해군 제독)의 이 말을 늘 되뇌면서 어려움을 겪고 있을지라도 부디 당당하게 삶의 길을 걸어가길 바란다.

삶의 길을 포기하지 않을 용기를 가져라.

누군가
"삶의 질을 개선하기 위해 꾸준히 노력하는가?" 묻는다면,
나의 대답은 무엇인가?

"배움을 멈추는 사람은 실제 나이와는 상관없이 노화에 접어든 사람이다.
반면에 배움을 멈추지 않는 사람은 신체 능력과는 상관없이
젊음을 유지하면서 새로운 가치를 창출하는 사람이다."

- 헨리 포드(Henry Ford) -

나는 남아프리카 공화국에서 한 자선 단체를 위해 연설을 한 적이 있었다. 연설 일정을 다 마쳤을 때 그 단체의 대표가 우리 가족 모두를 저녁 식사에 초대하였다. 이뿐만 아니라 그는 우리 가족이 아주 멋진 호수 위의 수상 가옥에서 일주일을 보낼 수 있도록 해주었다. 물론 비용 역시 그가 모두 부담하였다.

우리 가족을 위한 그의 배려는 너무나도 감사한 일이었다. 하지만 우리 가족은 일주일을 보내면서 생각지도 못한 고초를 겪었다. 예컨대 말라리아의 위협, 낯선 안내인과의 동행, 식수로 사용하기에 부적합한 물, 악어와 사자의 공격, 불편한 생활환경, 원숭이들의 짓궂은 습격 등은 우리 가족의 안락함을 송두리째 빼앗는 듯하였다.

다행히도 나는 악몽과도 같은 일주일을 보내면서 중요한 한 가지를 발견하였다. 즉 우리 가족이 겪은 고초가 우리 가족의 결속을 더욱더 돈독히 했다는 것이다. 만약 우리 가족이 일주일 동안 호수 위의 수상 가옥이 아니라 고급 호텔에서 룸서비스를 받으면서 호화롭게 지냈더라면, 아마도 우리는 가족이라는 끈끈한 정과 결속력을 느끼지 못했을 것이다.

지금 생각해 보면, 그 당시에 우리 가족이 겪은 고초는 확실히 신의 선물이었다.

*

만약에 지금 삶의 고초를 겪고 있다면, 그 고초가 당신의 새로운 성장을 위한 시련이라고 생각해 보면 어떨까? 만약에 지금 지루할 정도로 편안한 삶에 안주하고 있다면, 그 편안함이 당신의 새로운 성장을 가로막는 장애물이라고 생각해 보면 어떨까?

몇 년 전이나 지금이나 아무런 변화 없이 똑같은 변명과 문제를 떠벌리면서 자신의 궁색한 삶을 정당화하려는 사람들을 본 적이 있는가? 이들은 보통 새로운 성장이나 변화를 시도하기보다는 편안함에 안주하려는 경향이 강하다. 당신도 그러한가? 한 가지 확실한 것은 변화와 성장이야말로 생생하고 역동적인 삶의 징표라는 것이다.

나는 삶의 성장이나 질을 높이기 위해 가장 중요한 것은 주어진 상황에서 뭔가를 배우고 감사함을 느끼는 것이라고 확신한다. 나는 한가한 시간에 항상 책을 읽거나 글을 쓰며, 나의 실수든 타인의 실수든 간에 그 실수로부터 항상 뭔가를 배우려고 한다. 누군가가 나에게 "즐겁고 행복한 삶의 비결이 무엇인가요?"라고 묻는다면, 나는 "매 순간 배우려는 마음가짐이 삶을 한층 즐겁게 한다"라고 자신 있게 말할 것이다.

잠시 눈을 감고 다음의 말을 음미해 보자.

"자기보다 더 나은 누군가가 되길 바라는 사람은 자신의 성장에는 관심이 없는 것 같다. 삶에서 중요한 것은 자신의 성장이지 타인에 대한 선망이 아니다."

– 괴테(Goethe, 독일 철학자)

"당신의 마음이 바뀌지 않는 한, 당신의 행동은 바뀌지 않을 것이다. 당신의 행동을 바꾸고 싶다면 당신의 마음을 먼저 바꾸어라."

– 밴 크로치 (Van Crouch, 미국 대중 연설가)

"만약 당신이 배움을 위해 지출하는 교육비가 비싸다고 생각한다면, 차라리 무지를 선택하는 게 낫다."

– 데릭 복(Derek Bok, 미국 교육자)

만약 지속적인 삶의 성장을 바란다면, 당신은 배움과 질문을 삶의 좌우명으로 삼아야 한다. 배움과 질문을 회피하거나 등한시하는 사람은 현재의 삶에 안주할 수는 있어도 현재의 삶을 넘어설 수는 없다.

"배움을 멈추는 사람은 실제 나이와는 상관없이 노화에 접어든 사람이다. 반면에 배움을 멈추지 않는 사람은 신체 능력과는 상관없이 젊음을 유지하면서 새로운 가치를 창출하는 사람이다."

헨리 포드(Henry Ford, 미국 기업인)의 말이다. 이 말처럼, 당신은 끊임없는 배움을 통해 삶의 질을 높이거나 새로운 가치를 창출할 수 있다.

"삶은 배움의 연속이고, 배움은 삶의 진정한 즐거움을 가져다준다."

언제나 이 말을 되뇌면서 지금의 편안한 삶에 안주하고 싶을지라도 끈기 있게 배움의 길을 걸어가길 바란다.

오늘은 독자이지만 내일은 지도자가 돼라.

- 푸셀만(W. Fusselman, 영국 문화비평가) -

"와, 내가 그 일을 해냈다는 게 믿을 수가 없어" 라고
말한 때를 기억하는가?

"타성과 좌절을 극복할 유일한 방법은 실패하기가 불가능한 것인 양 행동하는 것이다."

- 도러시아 브랜디(Dorothea Brande) -

호기심이 많은 한 호수 관리인은 한 청년이 어떻게 다른 낚시꾼들보다 더 많은 물고기를 잡았는지 궁금하였다.

여느 때와 마찬가지로 그 청년이 호수에서 잡은 물고기를 배에 가득 싣고 선착장으로 돌아왔을 때, 호수 관리인은 '물고기를 많이 잡는 비결이 무엇인지' 물어보았다. 청년은 껄껄 웃으면서 호수 관리인에게 자신의 배에 올라타길 요청하였다.

이들이 탄 배가 호수 가운데에 이르렀을 때, 청년은 작은 다이너마이트 하나에 불을 붙여서 공중으로 던졌다. 다이너마이트가 터지는 순간 물과 물속의 물고기가 위로 솟구쳤다. 폭발의 충격으로 일렁이던 물결이 잠잠해졌을 때, 기절하거나 죽은 물고기들이 고스란히 수면 위에 둥둥 떠다녔다. 청년은 의기양양하게 그물로 수많은 물고기를 건져 올렸다. 청년의 행동을 지켜보던 호수 관리인은 어안이 벙벙해서 할 말을 잊어버렸다.

한참 후에 정신을 차린 호수 관리인은 청년의 무모한 행동을 비난하였다. 청년은 그의 비난에 아랑곳하지 않고 또 다른 다이너마이트 하나를 꺼내었다. 청년은 다이너마이트에 불을 붙이면서 그에게 말하였다.

"당신은 나를 비난하면서 그냥 이대로 있을 건가요? 아니면 나를 도와 물고기를 잡을 건가요? 나에게 물고기를 잡는 비결을 물어본 당신이 실제로 물고기를 잡고 싶다면, 확실히 후자를 선택하세요."

호수 관리인은 청년의 행동에 대한 비난을 멈추고 물고기를 잡겠다는 결정을 하였다. 얼마 후 호수 관리인의 그물 안에도 수많은 물고기가 가득 차 있었다.

*

사람은 누구나 원하지 않았지만 피할 수도 없는 수많은 문제, 결정, 갈등, 고민 등과 맞닥뜨리기 마련이다. 만약 당신이 예상치 못한 어려운 상황에 놓여 있다면, 우선 스스로 기운을 차리고 그 상황을 모면하기보다는 과감히 정면 돌파하려는 마음을 먹으면 어떨까? 자신에게 주어진 삶의 무거운 짐을 들까 말까 고민하지 말고 주저 없이 그 짐을 어깨에 짊어지면 어떨까? 사실 무거운 짐을 어깨에 짊어지면 한층 가볍게 느껴지지 않는가?

사람은 누구나 무언가를 성취하면 삶의 만족감을 느끼기 마련이다. 나의 경우에는 다른 사람들이 나에게 "넌 그 일을 해낼 수가 없어"라고 말한 그 일을 성취했을 때 삶의 큰 만족감을 느낀다.

삶에서 중요한 것은 나의 가능성에 대한 나의 믿음이지 다른 사람의 판단이 아니다. 만약 누군가가 당신에게 "넌 그 일을 하기엔 능력이 부족해"라고 말한다면, 당신은 곧장 그 일을 포기할 것인가?

잠시 눈을 감고 다음의 말을 음미해 보자.

"모든 시대의 진보는 할 수 없을 것이라는 통념을 깨뜨리는 사람들에 의해 이루어진다."

– 러셀 데이븐포트(Russell Davenport, 미국 작가)

"좋은 일이 조만간 일어날 것이라고 믿는 사람, 좋은 결과를 얻으려고 노력하는 사람, 희망으로 가득 찬 마음을 지닌 사람, 매사에 호기심을 갖는 사람, 시간을 낭비하지 않는 사람 등과 같이 긍정적이고 진취적인 사람만이 좋은 미래를 창출할 수 있다."

– 멜빈 에반스(Melvin Evans, 미국 정치인)

지나온 과거에 대한 후회는 현재와 미래의 희망을 갉아먹는다. 만약 당신이 현재와 미래의 희망을 실현하고 싶다면, 더 큰 포부와 시야를 가져야 한다. 그리고 "타성과 좌절을 극복할 유일한 방법은 실패하기가 불가능한 것인 양 행동하는 것이다"라는 도러시아 브랜디(Dorothea Brande, 미국 작가)의 말처럼, 항상 도전적이고 진취적으로 행동해야 한다.

"실패하고 좌절하는 것이 포기하는 것보다는 훨씬 더 낫다."

이 말을 되새기면서 실패와 좌절로 의기소침해 있을지라도 어둡고 짙은 구름 뒤에 찬란한 태양이 있다는 것을 명심하길 바란다.

사람들이 불가능하다고 여기는 일에 도전해 보라.

이러한 도전이 당신의 가슴을 뛰게 할 것이다.

내가 놀라울 정도로 잘하는 게 무엇인가?

"당신의 재능이라는 주머니 속에는 항상 여분의 재능이 남아 있기 마련이다.
중요한 것은 당신이 그 재능을 끄집어내어 사용하는 것이다."

- 로버트 퀼렌(Robert Quillen) -

한 목사가 신도들 앞에 서서 다음과 같이 말하였다.

목사: 여러분에게 나쁜 소식과 좋은 소식을 번갈아 전해 드릴게요.
나쁜 소식은 교회 지붕이 낡아서 새것으로 교체할 필요가 있다는 거예요.
신도들: (탄식하는 소리)
목사: 좋은 소식은 교회 지붕을 새것으로 교체하기에 충분한 자금이 마련
되어 있다는 거예요.
신도들 : (안도의 한숨)
목사: 나쁜 소식은 여러분이 신이 주신 재능을 주머니 속에 넣어두기만
한다는 거예요.
신도들 : (탄식하는 소리)

목사: 좋은 소식은 여러분이 주머니 속에서 재능을 끄집어낼 때마다 신은 여러분의 주머니 속에 또 다른 재능을 넣어주신다는 거예요. 여러분은 신이 주신 재능을 주머니 속에서 끄집어내어 뭔가를 하기만 하면 되는 거예요.

신도들: (안도의 한숨)

＊

신의 존재를 긍정하든 부정하든 당신의 내면에는 신이 주신 재능이 잠재되어 있을 것이다.

"당신의 재능이라는 주머니 속에는 항상 여분의 재능이 남아 있기 마련이다. 중요한 것은 당신이 그 재능을 끄집어내어 사용하는 것이다."

로버트 퀼렌(Robert Quillen, 미국 언론인)의 말이다. 발타사르 그라시안 (Baltasar Gracián, 스페인 작가)도 다음처럼 같은 말을 했다.

"당신의 내면에 있는 재능을 발견하기만 하면 그 재능을 사용하는 것은 누워서 떡 먹기다."

이들의 말처럼, 내면에 잠재된 재능을 찾아 바람직한 일에 사용해야 한다. 이는 누가 됐든 평생에 걸쳐 누려야 할 권리이자 의무이다.

잠시 눈을 감고 다음의 말을 음미해 보자.

"당신 자신의 타고난 재능을 신뢰하되 당신의 실수를 겸허히 인정하라."

– 빌리 와일더(Billy Wilder, 미국 영화감독)

"사람으로 태어나서 하지 말아야 할 최대 실수는 자신의 의무를 게을리하고 자신이 세운 목표를 달성하는 데 전념하지 못하는 것이다."

– 나다나엘 에몬스(Nathanael Emmons, 미국 목사)

"잘 다듬어진 한 가지 재능이 다듬어지지 않은 백 가지 재능보다 더 낫다."

– 윌리엄 매튜스(William Matthews, 미국 작가)

"만약 당신이 자신을 위해서뿐만 아니라 타인을 위해서도 최선을 다한다면, 당신은 확실히 만족스럽고 풍요로운 삶을 누릴 것이다."

– 윌리엄 보엣커(William Boetcker, 미국 종교 지도자 겸 연설가)

"세상의 불행 중 90%는 자신의 강점과 약점을 제대로 알지 못하는 사람들에게서 비롯된다."

– 시드니 해리스(Sydney Harris, 미국 언론인)

"예외를 추구하면서 도전적으로 산다는 것은 한편으로는 어려움이 따르겠지만 또 한편으로는 얼마나 영예로운 일인가?"

– 알프레드 드 뮈세(Alfred de Musset, 프랑스 극작가)

"당신의 직업과 지위가 무엇이든 간에 좋은 사람이 돼라."

– 에이브러햄 링컨(Abraham Lincoln, 미국 제16대 대통령)

만약 당신이 무기력감으로 의기소침해 있거나 특별한 재능이 없는 자신을 한탄하고 있다면, "당신의 부족한 2%를 과대평가하지도 말고, 당신의 풍족한 98%를 과소평가하지도 말라."라는 말콤 포브스(Malcolm Forbes, 미국 작가이자 출판인)의 말과 "당신이 가지고 있는 재능을 충분히 인지하고 감사히 여겨라. 그리고 당신의 재능을 갈망하는 수많은 사람을 떠올려 보라"라는 마르쿠스 아우렐리우스(Marcus Aurelius, 로마 제국 16대 황제이자 스토아학파 철학자)의 말에 귀를 기울여 보라.

이들의 말이 암시하듯이, 부족한 2%는 당신의 전부가 아니라 일부일 뿐이다. 부족한 점에 대해 불평하지 말고 당신의 강점을 최대한 살려라.

"타인으로가 아니라 자기 자신으로 산다는 것은 어려운 상황 속에서도 소신을 잃지 않고 주체적으로 산다는 것을 의미한다."

커밍스(E. E. Cummings, 미국의 시인)의 이 말을 늘 기억하면서 타인으로 살고 싶을 만큼 자신을 신뢰하지 못할지라도 부디 스스로를 믿고 당신 자신으로 살아가길 바란다.

당신의 존재 자체를 소중히 여기고 사랑하라.

마무리

　삶의 중요한 해답은 삶에 관한 올바른 물음을 제기하는 데서 찾을 수 있다. 나는 당신이 찾는 삶의 해답이 이 책에서 제기된 40가지의 물음 속에 있다고 확신한다.

　나는 당신이 살아가면서 삶에 관한 고민이나 갈등을 겪을 때마다 40가지의 물음을 활용하길 진심으로 바란다. 이러한 물음은 당신의 삶을 바람직한 성장의 길로 이끌 것이다.

　아울러 나는 이 40가지의 물음을 주변 사람들과 함께 공유하길 진심으로 바란다. 분명히 당신은 이들의 삶이 바람직하게 성장하는 것을 보게 될 것이다.

　부디 40가지의 물음을 통해 삶의 중요한 해답과 영감을 얻어 무언가 가치 있는 일을 시작하길 진심으로 바란다.

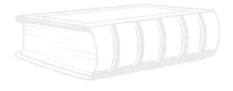

인생 질문 40

펴낸날 2023년 11월 1일

지은이 John Mason
옮긴이 안찬성
펴낸이 주계수 | **편집책임** 이슬기 | **꾸민이** 최송아

펴낸곳 밥북 | **출판등록** 제 2014-000085 호
주소 서울시 마포구 양화로7길 47 상훈빌딩 2층
전화 02-6925-0370 | **팩스** 02-6925-0380
홈페이지 www.bobbook.co.kr | **이메일** bobbook@hanmail.net